Sebastian Stranz

AF215676

Christliches Yoga

Irrweg oder Chance?

Zitate sind in *kursiv* gehalten.
Begriffe aus dem Sanskrit sind im Text erklärt.
Quellenverweise finden sich im Anhang.

Bibliografische Information
der Deutschen Nationalbibliothek:
Die Deutsche Nationalbibliothek verzeichnet diese Publikation
in der Deutschen Nationalbibliografie; detaillierte bibliografische Daten
sind im Internet über http://dnb.dnb.de abrufbar.

© 2017/2023 Sebastian Stranz
www.werde-heil.de
Herstellung und Verlag:
BoD – Books on Demand, Norderstedt
ISBN 9783746026367

...prüfet aber alles,
und das Gute behaltet...

1. Thessalonicher 5.21

Inhalt

Einleitung

Yoga ist nicht mehr eine geheime Technik für bestaubte nackte Yogis, die in einsamen Höhlen sitzen und für ihre Erleuchtung üben. Yoga wird heute vielfach als eine Form von Gymnastik verstanden – mit therapeutischen Effekten und mit dem Touch des Esoterischen, der der Sache erst den richtigen ,Kick' verleiht. Viele gehen nach Feierabend zu ihrer Yoga-Gruppe, statt Bowling oder Angelverein. Sie fühlen sich dadurch ausgeglichener, fitter und gestärkt für den Alltag.

Der Westen hat Yoga für seine Zwecke instrumentalisiert. Viele authentische Yoga-Lehrer bedauern das. Doch muss festgestellt werden, Shiva, der Begründer des traditionellen indischen Yoga, kommt nicht vom Hindu-Himmel hinabgestiegen, um den Westen zu bestrafen. Wir dürfen das. Wir dürfen uns vom Yoga herausziehen, was uns gefällt und was uns guttut. Und wir dürfen den Yoga auch weiterentwickeln, wie es vor allem in den körperbezogenen Aspekten des Yoga im Westen geschieht.

Andererseits machen die meisten ganz sicher nicht nur Yoga, weil es ihnen körperlich guttut und dem Gemütszustand ein paar Alpha-Wellen verschafft. Bewusst oder unbewusst sucht der westliche Yogi meist auch nach einer authentischen Religion, die ihm eine neue spirituelle Verwurzelung geben soll, die ihm das herkömmliche Christentum nicht zu geben vermag. Durch die yogische Praxis und die unmittelbaren positiven Erfahrungen, die er dabei macht, erlebt der westliche Sucher – bewusst oder unbewusst – dass er sich endlich auf einem religiösen Weg befindet, der authentisch ist. Auf einer oberflächlichen Ebene ist das Thema Religion in seinem Leben erstmal abgehakt. Aber irgendwann sollte der westliche Yogi sich seine spirituelle Sehnsucht bewusst machen und beginnen, über das tiefere Ziel des Yoga nachzudenken, wie es die indische Philosophie und Religion beschreibt:

Ananda – Innere Glückseligkeit
und Moksha – Erlösung.

Wenn wir die Früchte des Yoga ernten, indem wir dadurch unsere körperliche und geistige Gesundheit stärken und seine vorbeugende und heilende Kraft als alternative Medizin anwenden, dann haben wir auch die Verantwortung als Schüler, die wissenschaftliche Disziplin des Yoga zu studieren. Dies ist zumindest an den kleinen Prozentsatz derjenigen gerichtet, die Yoga schon länger als zehn oder fünfzehn Jahre praktizieren: Es gilt, die Verantwortung zu erkennen, anzunehmen und sich an das erforderliche Studium der Wissenschaft, Philosophie, Religion und Kultur eines Fachs zu begeben, welches uns über die Jahrhunderte überliefert wurde.[1]

Hier ist offenbar die Hinwendung zu den traditionellen Quellen des Yoga gemeint: zur Wissenschaft, Philosophie, Religion und Kultur des Hinduismus. Die Frage, die ich in diesem Buch stellen und von allen Seiten beleuchten möchte: Ist es nicht möglich, die hilfreiche Praxis des Yoga mit dem westlichen Denken zu verbinden?

In Bezug auf die Wissenschaft geschieht das bereits: Die Effekte des Yoga werden mit der medizinischen Wissenschaft des Westens untersucht und verifiziert. Doch könnte es nicht darüber hinausgehen, könnte es nicht sinnvoll sein, Yoga mit der Philosophie, Religion und Kultur des Christentums zu verbinden?

Dass Sie dieses Buch in Händen halten, könnte ein Zeichen dafür sein, dass die Zeit reif ist für den nächsten Evolutionsschritt

- auf dem Globus,
- in der Gesellschaft
- und auch in Ihrem ganz persönlichen Leben!

Der Geist Gottes strahlt verstärkt in die Materie ein. Seit 1987 oder seit 2012 – welche Jahreszahlen wir auch immer genannt bekommen – sicher ist: Wir leben in einer Umbruchszeit. Um das Jahr 2000 herum und in den nachfolgenden Jahrzehnten vollzieht sich eine Transformation durch die allmählich immer mehr ansteigende Einstrahlung geistigen Lichts aus den himmlischen Welten. Sie zeigt sich in einem Anstieg des Menschheits-Bewusstseins. Immer mehr Menschen öffnen sich spirituellen Lehren, immer mehr Menschen erfahren tiefgreifende Heilung von alten seelischen Verletzungen, immer mehr Menschen finden wieder Zugang zu ihrer Intuition und damit zu ihrer wahren Berufung im Leben, immer mehr Menschen finden zu Frieden und beglückenden Erfahrungen, indem sie Gott im eigenen Inneren näherkommen.

Die verstärkte Einstrahlung des Geistes zeigt sich auch dadurch, dass sich das Rad des Karmas immer schneller dreht:

- Der Grubengräber findet schneller die eigene Grube.
- Der Jäger wird zum Gejagten.
- Der alte Typus des Ausbeuters und gedankenlosen Konsum-Menschen wird immer mehr von Schicksalsschlägen und Krankheiten heimgesucht.
- Der Heuchler und Lügner wird enttarnt.

Die alten Ego-Spiele funktionieren nicht mehr so richtig – scheinbar hat sich da Sand ins Getriebe eingeschlichen.

Aber es ist kein Sand, es ist das einströmende Wasser des Geistes, das bewirkt, dass alte Strukturen aufbrechen und zerbersten. Wir können uns dem Strom der Zeit entgegenstellen, und wir können die Schicksalsschläge ignorieren, die überall um uns herum unsere Mitmenschen heimsuchen – bis sie uns selbst heimsuchen. Oder wir können die Impulse des Geistes aufnehmen und lernen, die Zeichen der Zeit zu deuten, um zu begreifen, was das Leben von uns will. Das kann allerdings bedeuten, alte Muster zu hinterfragen und die Grenzen alter Ordnungen zu überschreiten. In diesem Sinne bitte ich, den provokanten Titel des Buches zu verstehen: Christentum und Yoga gehen eine Verbindung ein. Es ist mir vollkommen klar, dass es etliche Vertreter beider Lager gibt, die die Hände über dem Kopf zusammenschlagen oder zumindest verächtlich die Nase rümpfen.

Mir selber ging es ebenso.

In meinen jungen Jahren verschlang ich voller Begeisterung die Lebensschilderungen östlicher Yogis und befasste mich mit ihren Lehren. Als gläubiger Christ in einer christlichen Gemeinschaft kam ich an einen Punkt, wo ich meinte, mich für einen der beiden Wege entscheiden zu müssen: den östlichen oder den christlichen. Ich entschied mich für den Weg der Urchristen im Universellen Leben. In der äußeren Organisation dieser Bewegung bin ich heute nicht mehr eingebunden, fühle mich aber im Inneren weiterhin als ein gläubiger Anhänger, dem es ein Anliegen ist, die urchristlichen Lehren im eigenen Leben zu verwirklichen. Das verbietet mir jedoch nicht, selber zu denken. Dieses Buch erscheint in eigener Verantwortung, ohne Auftrag oder Legitimation durch eine geistige Schule oder eine Organisation. Die geistige Eigenständigkeit und Unabhängigkeit ist die Voraussetzung für den Autor wie auch für die Leser dieses Buches.

Durch die ausschließliche Ausrichtung auf den christlichen Weg habe ich in mir die Verbindung gestärkt zum Meister aller Meister. Daher bereue ich diese Entscheidung nicht – auch wenn ich heute feststelle, dass mir etwas mehr yogische Praxis entschieden guttun würde.

Über Jahrzehnte habe ich alles Yogische und Östliche aus meinem Leben verbannt. Auf dem christlichen Weg wurde gesagt, wenn man zwei spirituelle Wege gleichzeitig gehe, dann sei das, wie einen Fluss überqueren zu wollen mit jedem Bein in einem anderen Boot – die ersten Meter mag es gut gehen, aber dann...

Doch meine Entscheidung für den christlichen Weg kam nicht nur aus der Überzeugung heraus, dass man nicht zwei Wege gleichzeitig gehen sollte. Ich stieß außerdem auf ernstzunehmende Warnungen vor den Gefahren der östlichen Wege, von denen ich auch heute noch meine, dass man sie jedem modernen gutgläubigen Yogi mit einem Megaphon ins Ohr rufen sollte (siehe Kapitel „Gefahren des Yoga-Weges"). Dennoch breche ich hier eine Lanze für eine Verbindung von Christentum und Yoga.

Wie heißt es so schön:
„Gefahr erkannt – Gefahr gebannt".

Ich hatte mich damit eingerichtet, die „östliche Seite" meiner Spiritualität von mir abzuschneiden und in die Verbannung zu schicken. Aber man kann es immer wieder beobachten:

Der Jünger erwählt nicht seinen Weg,
sondern ein Weg erwählt sich seine Jünger.

Meine Ehefrau hat eine Gehbehinderung und hat mit verschiedenen gesundheitlichen Problemen zu kämpfen. Ich begleitete sie zu einer von ihr ausgesuchten Ayurveda-Kur, wo sie innerhalb von nur einer Woche eine deutlich sichtbare Reinigung erlebte. Zum darauffolgenden Hochzeitstag schenkte ich ihr einen Gutschein für eine Reitstunde, in der Annahme, es könnte ihr bestimmt guttun und ihr in ihrer Stabilisierung helfen. Sie wählte jedoch anstatt dessen lieber eine Yoga-Stunde. Ich war einverstanden und begleite sie fortan zu ihren Yoga-Stunden, an denen auch ich teilnehme.

Um meinen inneren Konflikt einigermaßen in Schach zu halten, halte ich mich dabei an den paulinischen Grundsatz

„den Römern ein Römer – den Griechen ein Grieche".

Genauso kann ich doch sagen,
„den Yogis ein Yogi"! – Oder?

Die Yoga-Schule nahm meine Frau trotz ihrer Bewegungseinschränkungen bedingungslos an und stellte sich im Kurs in rührender Weise auf ihre persönlichen Bedürfnisse ein. Die Art und Weise, in der das geschah, ist nicht anders als „christlich" zu bezeichnen. Zu beobachten war, dass meine Frau alleine durch die bewusste Körperwahrnehmung in körperlichen Yoga-Übungen enorme Schritte in ihrer Persönlichkeitsentwicklung machte. Sie wurde toleranter, ihre aggressive Reizbarkeit tauschte sie nach und nach gegen einen schlagfertigen Humor ein. Für mich als Ehemann war das natürlich ein zwingendes Argument, diesen Weg weiterzuverfolgen.

Hinzu kam bei ihr eine gesteigerte Freude an der Bewegung – sie verfolgt seitdem ein Gymnastikprogramm, zusätzlich zum Yoga – und ist bei gemeinsamen Ausflügen ausdauernder. Yoga gibt uns die Hoffnung auf weitere Festigung der Psyche, bzw. auch auf eine Harmonisierung im Hormonhaushalt während den Wechseljahren. Diese therapeutischen Erfolge und Aspekte von Yoga konnte ich nicht mehr beiseiteschieben und verachten.

Überdies begann ich (zunächst widerwillig) zu verstehen, dass mir selber Yoga genau das zu geben vermag, was mir auf meinem christlichen Weg fehlt. Durch den christlichen Weg der Selbsterkenntnis (beschrieben unter „Yoga als ein Weg des Handelns") war ich bis zum Zerfließen nachgiebig und umgänglich geworden – immer bereit, meine Mitmenschen zu verstehen und den Fehler bei mir zu suchen (was ja nicht immer richtig ist). Dieser Weg der Selbsterkenntnis hat mir viel gebracht, vor allem die Fähigkeit, meine Mitmenschen so anzunehmen, wie sie sind.

Was mir auf meinem christlichen Weg fehlte: eine Disziplin. Obwohl ich mich hin und wieder zum Dauerlauf aufraffte, begann ich faul und bequem zu werden, Fett anzusetzen. Meine Beweglichkeit war schon lange gegenüber jüngeren Jahren eingeschränkt, aber auch meine Laufleistung und -lust begann nachzulassen. Ich als Autor von Gesundheits- und Ernährungsbüchern begann, mich ohnmächtig zu fühlen im Kampf gegen Bequemlichkeit und schädliche Essensgewohnheiten, z.B. Kartoffelchips-Essen beim Fernsehen. Ich begann, mich meinen Gewohnheiten mehr und mehr zu ergeben. – Schließlich setzt die christliche Forderung, seinen Nächsten so anzunehmen, wie er ist, voraus, sich selbst so anzunehmen, wie man ist...

Doch chronische Müdigkeit, nicht enden wollende Erkältungserscheinungen und gelegentliche schwere Kopfschmerzattacken sind ein Preis, den ich irgendwann auch nicht mehr zahlen will. Es war Zeit, etwas zu ändern. Und Yoga bot mir genau das Sprungbrett: einen Weg der täglichen Disziplin, um sich besser zu fühlen, wo es auf die Praxis ankommt, auf das Tun!

Wer bereit ist, sein dogmatisches Denken einmal fallenzulassen, muss folgendes feststellen: Sowohl der christliche Weg als auch der yogische Weg in ihren praktischen Ausübungsformen sind nicht starre Konzepte, die ein für allemal für alle Zeiten aufgestellt wurden. Sowohl der christliche Weg als auch der yogische Weg befinden sich in einer Evolution – denn es gibt sie nicht ohne den Menschen, der auf ihnen pilgert. Der Mensch selber befindet sich in einer Evolution, und die Menschen verschiedener Zeitalter haben verschiedene Bedürfnisse an ihre religiösen Wege. So haben sich beide Wege geöffnet und weiterentwickelt. Auch den Buddhismus hätte es nie gegeben, wenn sich der erleuchtungssuchende Prinz Siddhartha vor 2.500 Jahren an die traditionellen Vorgaben seiner hinduistischen Yoga-Lehrer gehalten hätte.

Es gibt in jeder Religion orthodoxe Lager, die diese Entwicklungen ablehnen und als einen Abfall vom „wahren Glauben" wahrnehmen. Doch diese orthodoxen Lager – im Christentum die „alleinseligmachenden" Staatskirchen und im Yoga der traditionelle Hinduismus – werden immer mehr zu musealen Hütern eines Grals, der längst weitergewandert ist. Immer mehr Menschen spüren, wenn Religion mehr sein soll als ein Panoptikum längst vergangener Zeiten, dann ist in den orthodoxen Lagern nicht der Ort, wo sie zu finden ist.

Beide Wege, der westliche wie der östliche, haben sich weiterentwickelt, haben eine Evolution durchlaufen und haben in den Speerspitzen ihrer vorwärtstreibenden Kräfte Formen angenommen, die sich weit von den orthodoxen Lagern entfernt haben. Als markanteste Beispiele seien hier zu nennen:

- die Öffnung für Neuoffenbarungen, Pazifismus und Vegetarismus auf dem christlichen Weg

- und die Öffnung für weltanschaulich neutrale, wissenschaftlich fundierte therapeutische Gymnastik und Meditation auf dem östlichen Weg.

Heute stehen wir an einer historischen Wegmarke: Es zeigt sich, dass sich sowohl der westliche als auch der östliche Weg in einer Sackgasse befinden. Es hakt mit der Evolution, es geht einfach nicht weiter... – wenn nicht... – ja, wenn sich nicht beide Wege verbinden!

In diesem Buch sammelt ein Grenzgänger seine kritischen Fragen, dem es schon sein Leben lang ein Anliegen war, über den Tellerrand zu schauen. Wäre es nicht eine verpasste Chance, wenn christliche Religion und Yoga länger als zwei getrennte Wege fortbestehen? Yoga und Religion meinen dem Wortsinn nach das Gleiche: Vereinigung. Alle Religionen sind ja nur Formen einer einzigen Religion, mit dem Ziel der Rück-Vereinigung (lat. re-ligio) des Menschen mit Gott.

- Vielleicht ist heute der historische Punkt in der Menschheitsgeschichte erreicht, wo die Evolution beider Wege auf eine Verschmelzung zusteuert.

- Vielleicht liegt hierin das Geschenk, das die verstärkte Einstrahlung des Geistes uns macht. Wir können die Entwicklungen, die nun einmal da sind, leugnen, oder sie endlich akzeptieren und das Geschenk annehmen.

- Vielleicht können wir uns von einer Welle tragen lassen, auf der wir erleben, dass Yoga uns Christus näherführt und dass Christus uns dem erklärten Ziel des Yoga – Moksha=Befreiung/Erlösung – näherführt.

- Vielleicht kann es – für jene, die es wollen – fortan EIN Weg sein.

- Vielleicht...

In diesem Buch wäge ich ab, beleuchte Argumente für und gegen eine Verbindung von Yoga und Christentum.

Im letzten Kapitel wird zusammenfassend aufgezeigt, dass die Aspekte des Yoga bereits in der christlichen Lehre angelegt sind und sie dadurch zur Erfüllung bringen, und wie umgekehrt die christliche Lehre den Yoga-Weg befruchten kann. Bebilderte praktische Anleitungen für körperliche Yoga-Stellungen und -Übungen gibt es bereits unzählige. Hier soll es einmal darum gehen, den Weg aufzuzeigen zu einer tieferen weltanschaulichen Grundlage in einer modernen „unorthodoxen" Form.

Es geht um den Weg zu einer „gelebten Alltagsmystik", die das ganze Leben mit all seinen Verrichtungen durchdringt. Insofern ist der Inhalt des Buches doch auch als eine praktische Anleitung zu verstehen.

Letztlich muss die Frage „Christliches Yoga – Irrweg oder Chance?" jeder für sich selbst beantworten. Dieses Buch möchte niemanden zu etwas überreden oder eine Empfehlung aussprechen, es so zu halten und Christentum und Yoga zu verbinden. Ich persönlich sehe darin eine Chance und werde mich im Selbstversuch weiter vortasten.

Wer es genauso halten will, tut dies in eigener Verantwortung! Es ist wichtig, dass keine Verwirrung gestiftet wird und dass wir die Fallstricke beider Wege – des westlichen wie des östlichen – kennenlernen und umgehen.

Dieses Buch möchte sich beschäftigen mit den Fallstricken und besonders mit den Chancen des *West-östlichen Divans*, den Goethe bereits beschwor.

Westliches und östliches Denken

Albert Schweitzer schrieb über
Die Weltanschauung der indischen Denker
(philosophische Schrift, München, 1935).

Er konstatiert, das indische Denken sei welt- und lebensverneinend.

Eine große Unwissenheit in bezug auf anderes Denken als das unsere herrscht unter uns. Besonders groß ist sie, was das indische anbetrifft. Mit diesem bekannt zu werden fällt uns so schwer, weil es ganz anders geartet ist als das unsere. Es vertritt die Idee der Welt- und Lebensverneinung. Unsere Weltanschauung aber, wie auch die Zarathustra's und der chinesischen Denker, ist welt- und lebenbejahend.[2]

Diese Behauptung ist so zutreffend wie falsch, wie alle Behauptungen, die man pauschal aufstellt. In der gleichen Schrift differenziert Albert Schweitzer und erkennt durchaus auch die welt- und lebensbejahenden Züge in den indischen Überlieferungen, gelangt aber zu grundsätzlichen Unterschieden und distanziert sich vehement vom „indischen Denken", wie er es versteht. Mit gleichem Recht lässt sich jedoch der Weg Albert Schweitzers naht- und bruchlos in die indische Philosophie des Karma-Yoga einfügen (des Yoga-Weges des tätigen Wirkens für den Nächsten).

17

An diesem Beispiel erkennen wir, dass es auf verschiedenen Wegen verschiedene Begrifflichkeiten gibt, die aber vielleicht dasselbe meinen – wie ja auch die verschiedenen Namen Gottes vielleicht nur ein und denselben Gott meinen.

Vorurteile und Ängste entstehen durch Halb- und Nichtwissen. Es ist wichtig, die Unterschiede zu bemerken zwischen „westlichem Denken" und „indischem Denken", um die Errungenschaften des eigenen Kulturkreises wertzuschätzen und sich nicht unkritisch in Irrtümer anderer Wege zu verrennen, nur weil uns das Exotische verblendet.

Wer sich vorbehaltlos näher mit der indischen Philosophie beschäftigt, wird aber immer mehr unter dem Eindruck stehen, dass christliches Gedankengut bereits Jahrhunderte früher vorweggenommen wurde und – bloß anders ausgedrückt – bereits seinen Weg aus den himmlischen Welten zu den Menschen fand. Zum Beispiel entspricht die indische Ethik des „Ahimsa" der von Jesus immer wieder geforderten Barmherzigkeit und Gewaltlosigkeit.

Die Gemeinsamkeiten in der Ethik und in den Zielen führen zu der Frage, ob wir in der praktischen Ausführung des Weges nicht auch voneinander lernen können.

Der Yogalehrer T.K.V. Desikachar schreibt in der Biographie seines Vaters und Lehrers Krishnamacharyas:

Die letzten beiden der sechs darshana (Denkschulen der vedischen Philosophie – d.V.) *sind eng, ja fast untrennbar miteinander verbunden: Samkhya und Yoga. Beide beschäftigen sich mit der Philosophie und Methode mittels deren ein Mensch zu Glück, Vollkommenheit in diesem Leben und zur endgültigen Befreiung seiner Seele aus dem Kreislauf von Tod und Wiedergeburt gelangen kann. Dennoch gibt es zwei wichtige Unterschiede. Erstens: Samkhya ist vor allem ein Weg der Kontemplation, der Entsagung, während Yoga in erster Linie ein Weg des Handelns ist. Zweitens: Samkhya ist eine gottlose Philosophie, atheistisch im wahrsten Sinne, während im Yoga Gott in Form eines höchsten Lehrers, Ishvara genannt, anerkannt wird.*[3]

In dieser Auslegung – Yoga als Weg des Handelns, der Tat – ist Yoga durchaus als die welt- und lebensbejahende Seite des indischen Denkens aufzufassen. Gerade an dem Beispiel Krishnamacharyas wird das deutlich, für dessen Weg der Dienst am Mitmenschen eine große Rolle spielte. Er war nicht nur Familienvater und lehrte Yoga als Weg der Gesundheitsvorsorge, sondern er wirkte als ayurvedischer Arzt, der vielen Menschen durch die gezielte Kombination von Ayurveda und Yoga Linderung und Heilung bringen konnte. Dieser Ansatz – Yoga als Weg der Handlung, der Tat – ist vollkommen deckungsgleich mit der Lehre der Bergpredigt, wo es heißt:

Darum wer diese Rede hört UND TUT sie, den vergleiche ich einem klugen Mann, der sein Haus auf einen Felsen baute...

Matthäus 7,24[4]

Während die christliche Lehre bei Jesus noch ein Weg der Tat war, wurde sie bei den Kirchen mehr und mehr zu einem bloßen Weg des Glaubens, bis hin zu der Aussage, der Glaube allein würde genügen. Dadurch werden die Gläubigen in einem Status der Ohnmacht gehalten, der eigenen Handlungskompetenz beraubt. Hier wird deutlich, der Konflikt der verschiedenen Denkweisen besteht vielleicht gar nicht so sehr in einem Konflikt zwischen westlichem und östlichem Denken. – Besteht der Konflikt nicht vielmehr zwischen dem orthodoxen Lager, das seine alten Irrtümer nicht mehr aufgeben kann, ohne das Gesicht zu verlieren, und den Kräften der Evolution, die auf eine Erneuerung des religiösen Weges drängen?

Yoga hat als ein Weg des Handelns den Westen erobert, weil es genau das ist, was dem heutigen Kirchen-Christentum fehlt. Weil die Kirchen einen Weg des bloßen Glaubens lehrten, weiß keiner mehr, wie man als Christ sein Leben erfolgreich bewältigt. Es gibt kein gesellschaftliches Paradigma mehr für den Christen, das ihm Orientierung geben könnte – wie Selbstkasteiung und Selbstaufopferung in der Frühzeit des Christentums oder wirtschaftlicher Erfolg durch Fleiß in der calvinistischen Arbeitsethik. Nur der Glaube unterscheidet den modern geprägten Christen von den anderen Menschen, und dieser Weg ist natürlich für immer mehr Menschen unbefriedigend und unattraktiv. Er gibt ihm keine Hilfe in seinen Sorgen und Problemen.

Das was Religion im ganzheitlichen Sinn außer der Verheißung auf eine ferne Erlösung noch bieten sollte – nämlich Reinigung, Gesundheit, bewusste Verbindung mit dem eigenen Körper und mit den Kräften der Natur,

Anleitung zu einer erfolgreichen Lebensführung – lässt das tradierte Christentum einfach unter den Tisch fallen. Der Glaube soll eben den Trost bieten im Hinblick auf ein zukünftiges Jenseits.

Yoga bietet dem westlichen Menschen die angesprochenen Benefits, und lässt ihn auf diese Weise hoffen, auch einer in diesem Leben erfahrbaren Erlösung näherzukommen.

Wenn auch in modernen westlichen Yoga-Kursen die Erleuchtung und Erlösung nicht im Vordergrund steht, gibt es doch kaum welche, die sich ganz von ihren spirituellen Wurzeln ablösen und ganz auf Guru-Verehrung und Sanskrit-Gesänge verzichten (wie z.B. im „Vinyasa Power Yoga"). Durch die hinduistischen Reminiszenzen wird eine mehr oder weniger bewusste Sehnsucht des westlichen Menschen bedient, die natürlich immer mitschwingt: nach einer spirituellen Heimat und nach Erlösung.

Andererseits schreibt der deutsche Yoga-Lehrer Sukadev Volker Bretz über den westlichen Yogi:

Es gibt viele Yogis im Westen, denen es schwer fallen würde eine meist sehr strenge und autoritäre Unterweisung durch einen traditionellen indischen Guru anzunehmen. Aus diesem Grund wird der Guru im Westen oft durch allgemeine Schulung in der Yoga Praxis einschließlich von Ratschlägen für eine gesunde, ernährungsbewusste und angemessene Lebensführung ersetzt. An (Auf) diese mehr eigenständige Mentalität haben sich auch viele indische Yogameister eingestellt, wenn sie im Westen agieren.[5]

Offenbar verstehen viele westliche Schüler ihren Guru heute nicht als persönlichen Meister, dem sie ihren Weg zu Gott von A bis Z anvertrauen, sondern als einen Lehrer, den sie mit Geld ausbezahlen können und an dem sie nicht weiter gebunden sind. Für manche Anhänger eines traditionellen Yoga mag diese Entwicklung eine Verwässerung und einen Niedergang bedeuten. Doch diese Entwicklung kann auch als einen gewaltigen Fortschritt gesehen werden: Der Yoga-Schüler behält seine Mündigkeit. Er gestaltet seinen Weg eigenverantwortlich. Darüber hinaus hält er sich von den vielen Gefahren fern, die eine Meister-Schüler-Bindung beinhalten. So bleibt er auch frei, um zum „Meister aller Meister" – Christus – zu finden, der von sich sagt:

Ich bin der Weg und die Wahrheit und das Leben.
Niemand kommt zum Vater denn durch mich.

Johannes 14,6

Der Christ gewinnt durch Yoga: Sein Weg findet heraus aus einem in Ohnmacht erstarrten Glauben zu einer im Alltag gelebten Praxis, die ihm unmittelbar erfahrbare Fortschritte verschafft.

Der Yogi gewinnt durch Christus: Sein Weg findet heraus aus der Sackgasse des veräußerlichten Therapie-, Fitness- und Wellness-Weges. Er findet zum ursprünglichen Sinn des Yoga.

- Der ursprüngliche Sinn des Yoga ist es, spirituelle Erlösung zu finden.

- Der direkteste Weg zur Erlösung kann heute nicht mehr im traditionellen Hinduismus und schon gar nicht in der persönlichen Jünger-Meister-Beziehung zu einem lebenden Menschen gefunden werden. Den direktesten Weg zur Erlösung geht der Yogi, der sich an den Erlöser wendet.

Diese Behauptungen sollen in diesem Buch belegt und begründet werden.

Yoga als Wissenschaft von den Wegen zur Erlösung

Yoga hat sich als Ausprägung des Hinduismus, der ältesten Religion der Menschheit, lange vor den Zeiten Christi entwickelt. Das Ziel des Yoga war immer metaphysisch und mystisch: Gotteserkenntnis, Erleuchtung, Ekstase, Befreiung aus dem Rad der Wiedergeburten, Erlösung und Heimkehr zu einem ewigen Leben in Glückseligkeit. Alle Aspekte des Yoga hatten nur dieses eine Ziel: Moksha.

So gibt es zum Beispiel viele Methoden der Reinigung und Optimierung des menschlichen Körpers, die dem Yogi ein langes Leben ermöglichen sollen, in manchen Fällen sogar über mehrere Jahrhunderte. Dahinter stand aber nicht das Festhalten am irdischen Leben, sondern der Gedanke, dass das Rad der Wiedergeburten dazu führt, dass man immer von neuem beginnt und dadurch im Weg seiner Reifung die Gefahr besteht, den Verstrickungen des Menschseins nicht zu entrinnen. Durch die Vorkehrungen für eine Verlängerung der Inkarnation sollte die Möglichkeit geschaffen werden, in seiner Weisheit und Gotteserkenntnis auszureifen. So hatte man bessere Aussichten, um selber Befreiung zu erlangen – und durch Lehre und Vorbild so viele Jünger wie möglich für den gleichen Weg zu gewinnen.

Wer sich die vielen verschiedenen Yoga-Wege betrachtet, erkennt den gemeinsamen Grundgedanken:

Gott näherzukommen und Befreiung zu erlangen.

Der „Integrale Yoga" nach Swami Sivananda (1887-1963) verbindet mehrere Yoga-Wege. Dieser Ansatz bietet unschätzbare Vorteile: Der Wanderer auf dem spirituellen Weg reift in seiner ganzen Persönlichkeit und vermeidet Sackgassen und Fallstricke. Die Fortschritte in der Meditation kommen zum Beispiel dem Umgang mit dem Nächsten im Karma-Yoga zugute. Der selbstaufopfernde Karma-Yogi kann sich beim tiefen Gebet im Bhakti-Yoga überprüfen, ob die Wurzel seiner Hilfsbereitschaft wirklich in der lebendigen Liebe zu Gott in all seinen Geschöpfen begründet ist, oder ob er im Helfen eher nach Bestätigung von außen oder gar Macht über andere sucht.

Wer sich als Christ mit den sechs Wegen, die im Integralen Yoga nach Sivananda zusammenfließen, vorurteilsfrei beschäftigt, gelangt zu der Erkenntnis, dass die bedeutenden christlichen Mystiker zu allen Zeiten vom Prinzip her den Integralen Yoga praktiziert haben, auch wenn sich Ausformungen und Begriffe unterscheiden mögen. So kann das System des Yoga helfen, das verlorengegangene mystische Christentum wiederzuentdecken.

Yogawege nach Swami Sivananda[6]

(...) Folgende Yoga-Arten werden in der Tradition von Swami Sivananda und Swami Vishnu-devananda gelehrt:

- *Hatha Yoga*

Hatha Yoga ist der wohl bekannteste Teil des Yoga. Er umfasst die körperorientierten Praktiken:
- Asanas (Yoga-Stellungen)
- Pranayama (Atemübungen)
- Tiefenentspannung
- positives Denken und Meditation

Außerdem gibt es im Hatha Yoga Ratschläge für eine gesunde Lebensführung, darunter auch vegetarische Vollwerternährung.

Im traditionellen Hatha-Yoga sind die Asanas, Atemübungen und Ernährungsempfehlungen immer nur Vorbereitungen auf die gelungene Meditation! Die vielen Ausformungen der Asanas – besonders die stehenden Varianten – kamen erst in den letzten Jahrhunderten, resp. im zwanzigsten Jahrhundert auf. Im traditionellen Yoga ging es vor allem um sitzende Varianten. Die Stufe der Asanas galt als gemeistert, wenn der Meditationsschüler drei Stunden entspannt und ohne Schmerzen in seiner Meditationshaltung verharren konnte – denn hier lag das Ziel des körperlichen Übens!

Hatha-Yoga zielt ab auf eine ganzheitliche Sicht der Religion, die auch den Körper mit einschließt.

Hatha Yoga sagt, dass der Körper der Tempel der Seele ist und als solcher gepflegt werden sollte, ohne ihn allerdings für das Wichtigste zu halten. Hatha Yoga sieht den Menschen also als Ganzes.[7]

Im Hatha-Yoga geht es um die Einheit von Körper, Geist und Seele. Dafür, dass Jesus nicht nur ein Heiler für die Seele war, sondern auch für den Körper, gibt es viele Hinweise: Wandern und Fasten waren wichtige Säulen seiner Lebensweise, wie bereits aus der Bibel hervorgeht. Darüber hinaus berichtet das „Friedens Evangelium der Essener"[8] von Heilanwendungen mit Luft, Wasser, Erde und Sonnenlicht. Hieraus geht klar hervor, dass der „Erlöser der Seelen" auch ein Naturheiler war – ihm war also nicht nur die Gesundheit der Seele ein Anliegen, sondern des ganzen Menschen in seiner Einheit von Körper, Geist und Seele.

Körperliche Übungen spielten im Umfeld der frühen Christen natürlich nicht so eine große Rolle wie heute: Durch die ständige Fortbewegung zu Fuß und die verbreitete harte körperliche Arbeit war körperliche Fitness eher der Normalzustand und kein Ziel extra betriebener Übungen. Dennoch finden sich Hinweise auf eine schon im frühen Christentum betriebene Gymnastik:

Der Tanz hatte für die Frühchristen eine sakrale Bedeutung; so wurden so genannte heidnische Tänze in die Festlichkeiten zur Gottesfeier übernommen. Daraus entwickelte sich die Orantenstellung. Diese betende Gestik, geprägt durch eine aufrechte, lebendige Haltung mit erhobenen Händen, findet sich in vielen frühchristlichen Darstellungen.[9]

Im Zusammenhang mit einer gesunden vegetarischen Ernährung muss hingewiesen werden auf einen wichtigen Lehrbegriff im Hinduismus: „Ahimsa" / Gewaltlosigkeit.

Im frühen Urchristentum war Gewaltlosigkeit noch selbstverständlicher Bestandteil eines christlichen Lebens, während im weiteren Verlauf der Geschichte die Gewalt immer mehr Einzug hielt in das Leben der sogenannten „Christen", die dann eigentlich als Scheinchristen bezeichnet werden müssen. Denn die Lehre Jesu, die auch in der Bibel noch enthalten ist, ist eindeutig:

Wer ein Rind schlachtet,
ist eben als der einen Mann erschlüge...

Jesaja 66,3

...wer das Schwert nimmt,
der soll durchs Schwert umkommen.

Matthäus 26,52

Als die Christen noch im Untergrund lebten, galt ganz selbstverständlich als ein rechtschaffener Christ, wer den Wehrdienst verweigerte und kein Fleisch aß. Nachdem unter Konstantin den Großen Anfang des vierten Jahrhunderts nach Christus das Christentum im römischen Reich zur Staatsreligion erhoben wurde, wurde die christliche Lehre ins Gegenteil verkehrt: Als ein rechtschaffener Christ galt fortan, wer den Wehrdienst als seine Pflicht verstand und ableistete und selbstverständlich Fleisch aß. Vegetarismus galt fortan als Kennzeichen der Ketzerei, die oft zu einem furchtbaren Foltertod führte. Die Verdrehung der christlichen Lehre durch die Staatskirchen von Gewaltlosigkeit zu Gewalttätigkeit wurde bis heute von ihnen nicht zurückgenommen.

So ist die Frage zu stellen, wo die eigentliche Abkehr vom Christentum liegt: In der Hinwendung zu vermeintlich „östlichen" Lehren wie Hatha-Yoga und Ahimsa – oder nicht viel eher im Verbleiben im „Schoße der Mutter Kirche" mit ihren Irrlehren?

- *Jnana Yoga*

Jnana Yoga ist der philosophische Teil des Yoga - der des Wissens. Er fragt: Wer bin ich? Woher komme ich? Wohin gehe ich? Was ist der Sinn des Lebens? Jnana Yoga erklärt Karma und Reinkarnation sowie Meditationstechniken, um die Wahrheit in sich selbst intuitiv zu erfahren.

Im traditionellen Jnana-Yoga geht es nicht allein um die Selbsterforschung mit der Frage „Wer bin ich?", wie es moderne Anhänger des Advaita-Vedanta (indische Lehre von der Nicht-Zweiheit) manchmal darstellen.

Die vier Schritte des Jnana-Yoga werden im Sivananda-Yoga beschrieben als

-   *Hören* – Hören der Weisheit aus dem Munde eines Weisen,
-   *Nachdenken* – welches sich natürlich auch in Form schriftlicher Studien und Abhandlungen über die spirituellen Fragen manifestieren kann,
-   *Meditation* – Verinnerlichung des Gelernten durch eigenes intuitives Begreifen und
-   *Verwirklichung* durch eigenes Handeln und Selbsterfahrung.

Diese vier Schritte bilden natürlich keine Stufenleiter, sondern greifen in einem lebenslangen Prozess ineinander. In den christlichen Mysterienschulen – wie z.B. bei den Gnostikern, bei den Rosenkreuzern oder bei den modernen Urchristen – wird im Sinne dieser Darstellung nichts anderes praktiziert als Jnana-Yoga.

Quellen für eine Anleitung zu einer christlichen Meditation sind im Anhang aufgeführt[10].

- *Raja Yoga*

Der Raja Yoga behandelt die Techniken des mentalen Trainings und der Meditation. Raja Yoga erklärt, wie der menschliche Geist funktioniert und wie wir ihn beherrschen können. Er umfasst Affirmation, Visualisierung, Achtsamkeit, Selbstbeobachtung und die verschiedensten Meditationstechniken. Der Grundtext des Raja Yoga ist das Yogasutra des Patanjali. (...)

Patanjali erläutert einen achtgliedrigen Pfad, beginnend mit ethischen Verhaltensregeln für den Umgang mit anderen und endend mit dem Samadhi – der bewussten ekstatischen Verschmelzung mit Gott, die auch hier wieder das einzige Ziel ist. Aus den acht Punkten der Yogasutras des Patanjali geht hervor, dass es beim Yoga nicht nur um das Erlernen von Körperstellungen und Atemtechniken geht, wie es viele westliche Besucher der Yogaschulen zu glauben scheinen. Die Grundlage ist eine moralische Integrität, das Studium religiöser Schriften und die Verehrung Gottes.

Svadhyaya

Selbststudium, einer der fünf Niyamas in Patanjalis Yogasutra. Das Wort "Svadhyaya" setzt sich aus Sva (Sanskrit für selbst, zu mir gehörig) und Adhyaya (Sanskrit für Untersuchung, Erforschung) zusammen. Demnach steht Svadhyaya für Selbsterforschung. Um insgesamt bewusster zu werden, soll das eigene Denken und Handeln beobachtet, reflektiert und kritisch hinterfragt werden.

Eine zusätzliche Komponente von Svadhyaya ist das Studium der alten Schriften, da es neben der Selbstreflexion weiterer

Bezugspunkte bedarf. Das kann beispielsweise die Bibel sein, das Yogasutra von Patanjali, die Bhagavadgita, die Veden, die Upanishaden oder andere Texte mit spirituellem, philosophischem oder religiösem Inhalt.[11]

Die Verbindung des Yoga-Weges nach Patanjali und dem christlichen Glauben wird hier offenbar durchaus als mögliche Variante gehandelt!

- *Bhakti Yoga*

Bhakti Yoga ist der Yoga der Hingabe und Liebe zu Gott. Durch Gebet, Mantra-Singen, Rituale, Erzählen von Mythen und Heiligengeschichten öffnet sich das Herz. Das Individuum kommt in Kontakt mit dem Göttlichen.

Für das Bhakti-Yoga gibt es die wenigsten Reglementierungen und Anweisungen. Offenbar geht es um eine Verschmelzung des Anbeters mit dem Objekt seiner Liebe. Wer mechanisch Kirtans – Mantra-Wechselgesänge- oder Bhajans – indische religiöse Volkslieder – mit einem bunten Götter-Potpourri runtersingt, wird diese Bhakti in sich kaum entfalten können.

Es heißt, es sei trotzdem heilsam durch die Schwingungen der Laute und Töne. Das gleicht einem Bankkunden, der sein Geld in unübersichtlichen Aktien-

Fonds anlegt: „Ist doch egal, was die Bank damit macht, wird schon was helfen."

Ein bewusster Bhakti-Yogi, der sich für einen Gott entscheidet, gleicht eher einem Investor, der sein Geld gezielt in ein bestimmtes Projekt investiert, über das er sich zuvor informiert hat und hinter dem er mit jeder Faser seines Wesens steht.

Ein Bhakti-Yogi im westlichen Kulturkreis war z.B. ganz offensichtlich Franz von Assisi.

- *Karma Yoga*

Karma Yoga ist der Yoga der Tat. Karma Yoga lehrt, das Schicksal als Chance zu begreifen. Karma Yoga ist auch der Yoga des selbstlosen Dienstes.

Dienen ist der einfachste und natürlichste Ausdruck des Menschseins. Als bewusstes „Seva"=Dienst kann es jeder Mensch in seinem Beruf bzw. in einem Ehrenamt praktizieren und somit zu einem Karma-Yogi werden.

Ein bekanntes Beispiel im westlichen Kulturkreis war – wie schon gesagt – Albert Schweitzer.

Widersprüchlich am traditionell hinduistischen Karma-Begriff ist, dass einerseits der Weg des Dienens als ein Weg zu Gott verstanden wird – dass andererseits aber mit „Karma" das Kastenwesen begründet wird, das auch

„Unberührbare" beschreibt. Tara Stella Deetjen (*Unberührbar*[12]), die in Indien ein Hilfswerk aufgebaut hat, beschreibt, wie sie für ihren Einsatz für Leprakranke teilweise verachtet und angegriffen wird: Aus der Karma-Lehre wird abgeleitet, dass Leprakranke ein schlechtes Karma aus einem früheren Leben abzutragen haben, dass also jede Hilfe ihre Seelenreise nur verlängern würde. In diesem Karma-Verständnis fehlt offensichtlich das christliche Element der Barmherzigkeit. Es ist wichtig zu erkennen, dass auf spirituellem Gebiet nicht nur der Westen vom Osten lernen kann, sondern auch der Osten vom Westen. Die Voraussetzung hierfür ist, dass der Westen seine eigenen christlichen Wurzeln nicht verleugnet, sondern sie vielmehr wieder freilegt – wozu auch die Auseinandersetzung mit anderen Religionen hilfreich sein kann.

Eine besondere Bereicherung des Weges des Karma-Yoga liegt in der christlichen Liebe-Mystik:

Wahrlich, ich sage euch, was ihr getan habt einem unter diesen meinen geringsten Brüdern, das habt ihr mir getan.

Matthäus 25,40

Der christliche Karma-Yoga ist nicht nur von dem sportlichen Ehrgeiz motiviert, sein Karma zu verbessern, sondern schöpft seine Kraft für das Dienen aus dem Wunsch, Christus in allen Menschen zu dienen.

- *Kundalini Yoga*

Kundalini Yoga ist der Yoga der Energie. Kundalini Yoga beschreibt den Astralkörper mit seinen Chakras (Energiezentren) und Nadis (Energiekanälen).

Dieser Yoga-Weg ist am gefährlichsten, weil eine Manipulation der Chakren nicht dem göttlichen Gesetz für die menschliche Entwicklung entspricht. Es heißt,

„das Gras wächst nicht schneller,
wenn man daran zieht".

Aber genau das scheinen manche Kundalini-Yogis zu glauben. Wenn Chakren des Schülers von Yoga-Lehrern im Handstreich mal eben geöffnet werden, dann ist das nicht harmlos und hat oft langwierige üble Folgen. Es gibt Berichte, wonach in der Folge die Yoga-Schüler von Erinnerungen an Vor-Inkarnationen geplagt werden, die sie nicht verarbeiten können, bzw. von üblen Geistern bedrängt werden, die sie nicht mehr loswerden.

Andererseits lenkt Kundalini-Yoga die Aufmerksamkeit auf die unsichtbare energetische Struktur des Menschen, die auch andere Religionen beschreiben. Die *Nadis* entsprechen offensichtlich den Meridianen in der Traditionellen Chinesischen Medizin.

Sicher gibt es auch im Kundalini-Yoga verantwortungsvolle Schulen, so dass Kundalini-Yoga nicht an sich verworfen werden sollte.

Hinweise auf die Chakren-Lehre können auch in der wiederkehrenden Siebenzahl in der Bibel gesehen werden: Die sieben Schöpfungstage in der Genesis, die sieben Sterne und die sieben goldenen Leuchter in der Johannes-Offenbarung. In den Lehren des modernen Urchristentums im Universellen Leben ist von „sieben Bewusstseinszentren" die Rede: Ordnung, Wille, Weisheit, Ernst, Geduld, Liebe und Barmherzigkeit. Die einseitige Sicht von „Energiekanälen" wird hier erweitert zu einer umfassenden Persönlichkeitsschulung: Eine höhere Bewusstseinsstufe kann demnach nur der erlangen, der bestimmte spirituelle Eigenschaften und Qualitäten in seinem Leben verwirklicht.

Auch hier kann der Westen dem Osten etwas geben, wenn erkannt wird, dass östliche und westliche Lehren die gleichen spirituellen Wirklichkeiten beschreiben.

Yoga bietet als eine Wissenschaft vom Weg zu Gott offenbar religiöse Begriffe, die sich auch auf andere Religionen als den Hinduismus übertragen lassen. Yoga bietet eine klare Struktur, wie der Gläubige sein Leben erfolgreich gestaltet – erfolgreich im Hinblick darauf, Gott näherzukommen.

Das große Vermächtnis des Yoga-Lehrers Sivananda (1887-1963) war „der Integrale Yoga" – die Idee von der Verbindung dieser sechs Yoga-Wege. Durch die Verbindung der Yoga-Wege können Gefahren der einzelnen Yoga-Wege leichter ausgeräumt werden. Jeder Fortschritt auf einem der Wege trägt zum Fortschritt auf jedem anderen Weg bei. Die Persönlichkeit des Schülers reift schnell und harmonisch heran.

Da der Integrale Yoga auch den Bhakti-Yoga mit einschließt, kommt ein Anhänger dieses Weges eigentlich nicht um die Frage herum: Welchen Gott bete ich an? Es scheint, dass die Anhänger der Sivananda-Yoga-Schule sich in dieser Frage nicht festlegen wollen. Sivananda – wie viele andere östliche Yoga-Lehrer – öffnete seinen Weg auch für die Anhänger anderer Religionen, so z.B. für Christen. Er gab sich tolerant und großzügig. Christus soll demnach ein Gott unter vielen Göttern bzw. ein Prophet unter vielen Propheten sein. Aber offenbart sich in dieser angeblichen Beliebigkeit der Götter-Auswahl nicht eine spirituelle Unwissenheit?

Der Stand der meisten östlichen Lehrer zum Thema Erlösung ist noch der von vor Golgatha!

Christliche Erlösung richtiggestellt

Müssen wir wirklich in fremdsprachigen Kirtans oder Bhajans lauter Götter lobpreisen, die Gedanken und Bilder evozieren, die nicht gerade einer andächtigen Ehrerbietung entsprechen?:

- Der blaue Krishna erinnert eher an die Folgen eines Eisbads, oder – schlimmer noch – an einen Reptiloiden als an ein göttliches Wesen (davon mal abgesehen, dass er in den bildlichen Darstellungen zusammen mit Arjuna – schmuckbehangen und mit Make-up – wie ein Tuntenpärchen wirkt).

- Shiva und Kali erinnern mit der Schlange um den Hals bzw. mit ihren klappernden Totenschädeln um die Knöchel und die Hüften eher an psychisch Kranke als an göttliche Wesen.

- Durga und Ganesha erinnern eher an verunfallte Gen-Experimente als an göttliche Wesen.

- Hanuman – der übermenschliche Affengott mit den magischen Kräften – erinnert eher an „Planet der Affen" als an ein göttliches Wesen.

- ...und Rama erinnert den westlichen Yogi eher an eine beliebte Margarine-Sorte als an ein göttliches Wesen.

Ich hoffe, man glaubt es mir: In keiner Weise sollen die hinduistischen Gottheiten lächerlich gemacht werden. Sondern es soll dem westlichen Yogi bewusst gemacht werden, dass die hinduistische Beliebigkeit der Götterwelt, die wie ein rauschendes Kaleidoskop durch seine Kirtans geistert, ihn nur schwerlich in den Zustand des Bhakti – der anbetenden Hingabe – führt, solange er sich mit diesen Göttern nicht näher befasst. Man kann nur Liebe entwickeln zu Wesen, die man kennt!

Die Frage, die ich hier stellen möchte:

Ist dieses exaltierte bunte Göttertreiben für uns noch aktuell? Ist es überhaupt sinnvoll, dass wir uns mit diesen hinduistischen Gottheiten näher beschäftigen? Könnte es nicht sein, dass es sich hierbei für den westlichen Yogi um einen Umweg handelt? Müssen wir das wirklich, um uns selbst näherzukommen, oder führt uns das von uns selbst eher weg?

Warum befassen wir uns nicht mit dem einen Schöpfergott, im Hinduismus Ishvara (="Der höchste Lehrer") und im Christentum Jahwe oder Jehova (="Ich bin, der ich bin") genannt? Warum befassen wir uns nicht mit seinem erstgeschauten und erstgeborenen Sohn, den auch Paramahansa Yogananda als *die einzige reine Widerspiegelung Gottvaters in der Schöpfung* bezeichnet[14]?

Der Grund dafür, dass das Christentum eine solche besondere Bedeutung unter den Religionen hat, liegt in seiner Auffassung vom Wesen Jesu Christi als Sohn Gottes und von der christlichen Erlösung.

Dass das Christentum in der Menschheit sich nicht in der Weise durchgesetzt hat, wie es seinem Selbstverständnis nach dessen Auftrag wäre, liegt unter anderem daran, dass die christliche Erlösung von den Kirchen falsch übermittelt wurde. Der gläubige Christ werde reingewaschen von seinen Sünden durch das Blut Jesu, heißt es. Wäre es so, dann hätten die gläubigen Christen kein Bedürfnis, weiter zu sündigen. Davon, dass eine solche Interpretation nur ein Märchen ist, kann sich jeder schnell überzeugen, der die Augen öffnet für die vielfältigen Probleme und Zerwürfnisse in der heutigen Christenheit.

Dennoch gründen sich auf dieser Interpretation der christlichen Erlösung die offiziellen Staatskirchen. Leid und Blut als angeblich vom liebenden Schöpfergott geforderter Zoll für den Eintritt in den Himmel – dieses Konzept von Religion spricht heute die Menschen nicht mehr an. Hinzu kommt, dass der Glaube an dieses Konzept – das mehr an schwarze Magie erinnert als an die Lehren Jesu – genügen soll und ein Weg des Handelns von den Kirchen nicht mehr übermittelt wird, obwohl die Bergpredigt voll davon ist. So wird die christliche Religion nicht als Lebenshilfe erlebt, sondern als ein belastender Albtraum.

Das Enttäuschende ist, dass auch durch die „Erleuchteten" aus dem Osten, die sich mit dem Weg Jesu beschäftigen, keine Richtigstellung erfolgt. Auch sie bieten keine brauchbare Deutung des christlichen Erlösungsgeschehens an. Paramahansa Yogananda berichtet in seiner *Autobiographie eines Yogi*, durch die er unzählige westliche Sucher im Herzen berührt und auf einen geistigen Weg geführt hat, unter anderem von einer geistigen

Begegnung mit Christus. Sollte er dann nicht auch direkt von Jesus belehrt worden sein?

In *Der Yoga Jesu*[13] stellt er es so dar, dass sich Jesus als Person nie als der einzige Erlöser bezeichnet habe. Vielmehr sei jeder große Prophet ein Erlöser, der zu dem allesverbindenden Christusbewusstsein gefunden habe. „Christus" sei ein Ehrentitel, mit dem sich viele große Meister schmücken würden (– Welche bitte? Beispiele bleibt er schuldig!). Auch lange vor den Zeiten Jesu habe es Erlöste gegeben, was nach seiner Auffassung belege, dass die Erlösung nicht an die Person Jesu gebunden sei. Eine Erklärung des Golgatha-Opfers findet sich an dieser entscheidenden Stelle nicht. Yogananda schenkt uns die großen und wichtigen Botschaften, dass die Idee einer Verdammnis sich nicht mit einem allmächtigen und barmherzigen Gott verträgt. Er schenkt uns den wichtigen Impuls, sich nicht mit einem blinden Glauben zu begnügen, sondern den Weg der eigenen Verwirklichung zu gehen, um unmittelbare Erfahrungen zu machen. Aber was die „Erlösertat" auf Golgatha für uns heutige Menschen bedeutet, spart er letztendlich aus.

Aber ihr sollt euch nicht Rabbi nennen lassen;
denn einer ist euer Meister, Christus;
ihr aber seid alle Brüder.

Matthäus 23,8

...niemand kommt zum Vater denn durch mich.

Johannes 14,6

Yogananda erklärt nicht, was es mit diesen Worten Jesu auf sich hat. Er missachtet sie eindeutig durch seine Haltung, sich Meister zu nennen und nennen zu lassen. Er verwirft die Bruderschaft aller Menschen und beansprucht für sich eine Sonderrolle, so wie es in den östlichen „Meister"-Hierarchien üblich ist. Das Widersprüchliche daran ist, dass dieselben östlichen Menschheitslehrer – wie auch Yogananda und seine „Self Realization Fellowship" – nicht nur Jesus als Propheten anerkennen, sondern ihn auch gerne in der Aufstellung ihrer geistigen Vorväter nennen, dessen Werk sie angeblich fortführen. Bei aller Bewunderung für den Weg dieser modernen Menschheitslehrer aus dem Osten macht das doch stutzig.

Wie ist das nun: Gibt es viele Meister? Oder gibt es nur einen Meister, Christus? Darf man Jesus für sich vereinnahmen und seine Lehre missachten?

Die östlichen Lehrer kennen offenbar nicht die wahre Bedeutung der christlichen Erlösung. Deshalb überlesen sie die Worte Jesu oder deuten sie um in dem Sinne, sie wären nicht auf die Person Jesus, den Christus, sondern auf das allgegenwärtige Christusbewusstsein bezogen, das ja schließlich in jedem Menschen sei. Durch diese Lesart werden die eindeutigen Aussagen Jesu nicht nur verkompliziert und verbogen – diese Deutung spart auch eine Erklärung des Golgatha-Opfers aus. Als habe es nie stattgefunden, wird der Weg der Erlösung in der Weise fortgeführt, wie er vor Golgatha gegolten hat. Hier liegt jedoch ein Irrtum vor, der offensichtlich auf spiritueller Unwissenheit beruht.

Eine Aufklärung findet sich in den Neuoffenbarungen durch Gabriele von Würzburg, geboren 1933, Gottes Sprachrohr für die Jetztzeit[14]. In diesen Neuoffenbarungen wird die Bedeutung des Golgatha-Opfers erklärt, wie es offensichtlich die „Meister" der östlichen Wege nicht erkannt haben – obwohl sie sich ja mit der Person und den Lehren Jesu auseinandergesetzt haben und für sich in Anspruch nehmen, sie tiefer zu deuten als die westliche Theologie.

Die urchristliche Auffassung des Erlösungsgeschehens gebe ich hier mit meinen eigenen Worten nach meinem persönlichen Verständnis wieder.

Jesus war nicht einfach nur irgendein Mensch, der das Christusbewusstsein entwickelt hat, sondern er war der inkarnierte Christus. Er musste einen Weg als Mensch gehen, er musste das Christusbewusstsein erst entfalten. Aber als himmlisches Wesen war und ist er der erstgeschaute und erstgeborene Sohn Gottes, der Mitregent der Himmel, der zur Rechten des Vaters sitzt, Träger und Verwalter der „Teilkraft in der Urkraft", das heißt eines Drittels der Schöpferkraft des Universums.

Um seine Erlösertat darzustellen, muss ausgeholt werden. Nach dem Weltbild der Urchristen war die Materie nicht von vornherein da, auch nicht als ein verdichteter Punkt, der sich durch einen „Urknall" entfaltete. Sondern nach diesem Weltbild ist die Materie ein heruntertransformierter Teil der geistigen Welten. Die astralen und die materiellen Welten haben sich aus Teilen der kausalen Ebene (=Himmelreich) gebildet, weil sich Geistwesen gegen den Schöpfergott gestellt haben. Es begann mit Satana, dem Geistdual Jahwes, und Luzifer, ihrem Zweitgeborenen. Satana war also in der geistigen Welt die Mutter Jesu und Luzifer, der Zweitgeborene, war sein geistiger Bruder. Daraus ersehen wir, dass es „den Teufel" nicht gibt – weder als ein Geschöpf Gottes, noch als ein zweiter negativer Gott einer zweiten negativen Schöpfung. Die „Negativwesen" sind alle nur gefallene Engel, gefallene Kinder des einen gütigen Schöpfergottes und werden auch alle wieder in die himmlischen Welten zurückfinden.

– Die Wiederherstellung aller Dinge:

... welcher muß den Himmel einnehmen bis auf die Zeit, da herwiedergebracht werde alles, was Gott geredet hat durch den Mund aller seiner heiligen Propheten von der Welt an.

Apostelgeschichte 3,21

Siehe auch die Übersetzung der Elberfelder Bibel:

Den muss freilich der Himmel aufnehmen bis zu den Zeiten der Wiederherstellung aller Dinge, von denen Gott durch den Mund seiner heiligen Propheten seit jeher geredet hat.

Die urchristliche Lehre und eine gewissenhafte Interpretation der Bibel widersprechen sich nicht!

Die Geistwesen, die sich gegen Gott stellten – Satana, Luzifer und alle, die sich ihnen anschlossen – entfernten sich von Gott. Hier kann mit „Entfernung" nicht eine räumliche Trennung gemeint sein, denn Gott ist überall. Sondern mit „Entfernung" ist hier die materielle Verdichtung gemeint, die den geistigen Horizont einschränkt und die in der

Schwingungsfrequenz weit von den geistigen Welten „entfernt" ist. Diese Entwicklung nennt man den „Fall".

So erklärt sich auch die Entstehung des Menschen: Nicht als ein Abkömmling des Affen, der wiederum ein Abkömmling der ersten Amöbe gewesen sein soll, die sich aus zufälligen Prozessen aus Molekülen gebildet haben soll. Sondern der Mensch ist ein verdichtetes Geistwesen. Die ersten „Menschen" waren teilverdichtete Geistwesen, die den Erdplaneten bevölkerten. Sie wurden nicht materiell gezeugt und nicht materiell geboren, so starben sie auch nicht. Wenn ihre Zeit gekommen war, wechselten sie einfach den Planeten, indem ihre Schwingung wieder angehoben wurde (die Erde ist der Planet mit der dichtesten Materie im Universum). Adam und Eva waren nicht „die ersten Menschen" auf der Erde, sondern es waren die ersten verdichteten Geistwesen, die ihre Nachkommen durch körperliche Zeugung bekamen. Seitdem galt „Im Schweiße Deines Angesichts sollst du dir dein Brot verdienen" und seitdem kam das Sterben auf. Dennoch war der Weg nicht verbaut, dass ein Erdenmensch durch ein gottzugewandtes Leben die Schwingung seines Leibes wieder anhob und ohne ein Grab zu hinterlassen die Ebene wechseln konnte (Henoch, Elias, Jesus, Babaji, Saint Germain…).

Die Entstehung des materiellen Menschen und der verdichteten materiellen Welten wird als „der Fall" bezeichnet. Die Ursache des Falls liegt in einer Rebellion gegen Gott, der sich immer mehr Geistwesen anschlossen. Viele Geistwesen inkarnierten aber auch in der Materie, um ihren Geschwistern zu helfen und sie zur Umkehr zu bewegen. Ein Teil von ihnen verstrickte sich dann selber in der Materie und in den mit ihr verbundenen Wünschen und Begierden. Bei alledem blieb das gefallene materielle und astrale Universum gegenüber dem rein gebliebenen kausalen Universum immer nur wie ein kleiner dunkler Fleck auf der Sonne – nur ein vergleichsweise winziger Teil der göttlichen Schöpfung.

Dennoch drohte die Sache aus dem Ruder zu laufen. Die Materie war ja niemals abgetrennt von den geistigen Welten, sondern war immer ein Teil von ihnen, auf das Innigste mit ihnen verbunden. Der Plan der dunklen Mächte war, die schöpferische Vorwärtsbewegung der Elemente am tiefsten Punkt der Materie kippen zu lassen, d.h. in eine Rückwärtsbewegung umzudrehen. Die Folge: Die Schöpfung hätte sich zurückentwickelt, sie hätte sich wieder aufgelöst. Dieser Auflösungsprozess wäre nicht mehr zu stoppen gewesen und hätte nach und nach die gesamte Schöpfung – auch die kausale, geistige – erfasst. Das ist der Grund, weshalb viele geistige Lehrer des Ostens vor der Erlösertat die Reinkarnation des Menschen als Tier beschrieben (was dank der Erlösertat niemals eintrat) und weshalb sie nicht mehr das Himmelreich als das Heilsziel beschrieben, sondern das Aufgehen im formlosen Nirwana oder Selbst oder Allbewusstsein. Das bewusste Erreichen des formlosen geistigen Urgrunds wurde als das Ziel der Erlösung formuliert, denn ein Fortbestehen der himmlischen Schöpfung konnte nicht mehr gewährleistet werden. Was hätte jedoch die Schöpfung für einen Sinn, wenn sie sich einfach wieder im Formlosen auflöste?

Es war der Plan Gottes, durch die Erdenmission Jesu den „Fall" wieder umzudrehen, indem Jesus „das auserwählte

Volk" um sich scharen sollte, um mit ihm zusammen das Friedensreich auf Erden zu errichten. Das hätte durch einen Schneeballeffekt nach und nach zu einer Umkehr der gesamten Menschheit geführt. Das israelische Volk hatte zu dieser Zeit eine Schlüsselposition inne und hätte die Kraft dazu gehabt. Genau wie Jesus waren extra für diese große Mission viele Seelen inkarniert und teilweise über mehrere Inkarnationen vorbereitet worden. Aber anders als Jesus waren viele dieser inkarnierten Seelen aus dem Stamme David selber gefallen und hatten sich in ihre eigenen menschlichen Irrwege verstrickt. Daher konnten sie Jesus als den gesandten Messias nicht mehr erkennen und annehmen. Jesus fand nur noch – bemessen an dem großen Plan – eine kleine Schar, die sich ihm vorbehaltlos anschloss.

Das Scheitern des jüdischen Volkes an seinem göttlichen Auftrag gipfelte in der Preisgabe Jesu an die römischen Scharfrichter mit dem Ausruf

Kreuzige ihn!

Johannes 19,15

Sein Blut komme über uns und über unsere Kinder.

Matthäus 27,25

Doch diese Szene vor Pilatus war nur der Höhepunkt eines großen Versagens. Das eigentliche Versagen des jüdischen Volkes entwickelte sich bereits viel früher. Es lag darin, dass es den Messias nicht annahm, um mit ihm gemeinsam das Friedensreich aufzubauen und den Fall umzudrehen zu einem Wiederaufstieg der Schöpfung. Der kleine Teil des jüdischen Volkes, der den Plan Gottes erfüllte, drückte sich zum Beispiel in der Gemeinschaft der „Essäer" aus, die in der Aufzählung der jüdischen Stämme gerne unterschlagen wird. Diese Gemeinschaft erfüllte die Mission, das Wirken Jesu zu begleiten und zu unterstützen. Da sie jedoch zu wenige waren, um mit ihm zusammen das Friedensreich aufzubauen, begleiteten sie ihn auf seinem Weg zur Erlösertat auf Golgatha. Es wurde deutlich, dass der Plan, mit dem inkarnierten Christus als Keimzelle das Friedensreich auf Erden zu errichten, nicht aufging und auf diese Weise der Fall nicht zu stoppen war. Deshalb musste Plan B greifen. Plan B war die Ausschüttung des geistigen Erbes Jesu, der „Teilkraft in der Urkraft", des einen Drittels der geistigen Schöpferkraft.

Dieses Licht aus den Himmeln sollte sich in jede gefallene Seele und in alle gefallenen Elemente und Atome ergießen, um der gefallenen Schöpfung Stütze zu sein. Durch diesen „Erlöserfunken", der jedem von uns innewohnt, ist eine Auflösung der Schöpfung nicht mehr möglich.

Um diese hohe Mission erfüllen zu können, musste Jesus sich allen Versuchungen durch die dunklen Kräfte stellen. Es ist ein geistiges Gesetz, dass ein spiritueller Mensch auf dem Weg von den dunklen Kräften umso mehr versucht wird, je größer das Licht in ihm wird. Es war wichtig, dass Jesus als Gottes erstgeschauter und erstgeborener Sohn nicht einen Sonderbonus erhielt, dass er selber die größten Versuchungen am eigenen Leib erfuhr, um aus eigener Kraft rein daraus hervorzugehen. Der Kreuzestod war die größte Versuchung, die vorstellbar ist: Einen furchtbaren Foltertot zu erdulden, ohne Groll und

Rachegefühle gegen seine Peiniger in sich aufkommen zu lassen und ohne im Glauben an den gütigen Vater zu wanken. Jesus hat diese Prüfung bis zu Ende durchgestanden. Bei seinem „Es ist vollbracht" ergoss sich die Teilkraft in der Urkraft in alle Bereiche der Materie, in alle inkarnierten Seelen und auch in die gefallenen Astralwelten.

Das „Vollbracht" hat alles verändert:

- Die Auflösung wurde verhindert, daher darf als das Heilsziel ein ewiges Leben in den manifestierten himmlischen Welten formuliert werden.
- Die Fallebenen wurden zu Reinigungsebenen.
- Jede Seele – egal ob bewusst oder unbewusst, egal ob inkarniert oder in den Astralwelten – ist seitdem Träger des „Christusfunkens" oder „Erlöserfunkens", mit der Aufgabe, ihn zur Entfaltung zu bringen.
- Ein Durchschreiten des Himmelstores ist seitdem nur noch möglich mit einem Anerkennen der Erlösertat. Denn der „Erlöserfunke", den jeder Mensch bewusst oder unbewusst in sich trägt, muss mit hinein (was nicht bedeutet, dass nur die Seelen in den Himmel kommen, die sich bereits in ihrem Erdenleben zu Christus bekannt haben).
- Die bisherigen „Meister", sofern sie authentisch waren, wurden zu Brüdern.

Die indische Idee vom „persönlichen Guru" in seiner höchsten Ausprägung ist, dass er seine Jünger zu Gott zu führen vermag. Aber kein auf Erden lebender Mensch vermag das, sondern nur Christus. Die „Meister", die nach

Christus auf Erden wirken, und ihre Jünger, die sich an sie binden, werden im Jenseits solange in den astralen Reichen verbleiben, bis sie ihre Bindungen lösen und sich zu Christus bekennen. Natürlich können uns irdische Lehrer helfen, unsere Ego-Beschränkungen abzulegen und spirituelle Erfahrungen zu machen. Es gibt aber nur einen Erlöser.

Es ist den hinduistischen „Meistern" nur teilweise anzulasten, dass sie diese spirituellen Zusammenhänge nicht kennen, wenn sie nicht einmal die offiziellen Repräsentanten des Christentums zu lehren vermögen, bzw. wenn sie sie bewusst vertuschen.

Könnte der christliche Yogi nicht der sein, der tiefer blickt? Der hinduistische Yogi und der buddhistische Yogi blicken offenbar nicht tiefer. Hier wird, anstatt über die wahre Bedeutung des Golgatha-Opfers aufzuklären, die Einzigartigkeit der Mission Jesu einfach geleugnet und er bestenfalls als ein Meister unter vielen Meistern anerkannt. Indem sie die Einzigartigkeit der Mission Jesu leugnen, leugnen sie aber auch seine Lehre,

Niemand kommt zum Vater denn durch mich.

Auch wenn christliche Kirchen und Klöster heutzutage gerne Yoga-Seminare anbieten, dürfen sie sich dank der Ignoranz der Yoga-Lehrer doch überlegen fühlen: Sie meinen den Zugang zum einzigen Meister und Erlöser zu bieten. Letztendlich benutzen sie nur Yoga, um den gestressten westlichen Arbeitnehmer durch ein bisschen Körperübungen, Wellness und Ruhe für sich zu ködern. Yoga wird nicht mit Religion gleichgesetzt (obwohl beides das Gleiche bedeutet: Vereinigung!).

Umgekehrt behandeln die Yoga-Lehrer die christliche Religion unbewusst genauso überheblich und herablassend: Nicht nur die Bedeutung des Golgatha-Opfers wird nicht weiter hinterfragt. Zentrale Botschaften der Bergpredigt – so z.b. der christliche Weg der Selbsterkenntnis – werden meist nicht als elementare Bausteine in die yogische Praxis mit aufgenommen.

Die scheinbare Ökumene der Geistesschulen – die Aufnahme von Yoga bzw. Zen-Meditation in die christlichen Kirchen und Klöster – ist oft nur ein gegenseitiges Benutzen: Die Kirchen geben vor, den Weg des Yoga verstanden zu haben und ihn anzuerkennen, sehen ihn jedoch nicht als Religion, sondern nur als hübsche Zutat. Die Yoga-Lehrer geben vor, Christus gegenüber tolerant zu sein und ihn als Propheten anzuerkennen, wollen jedoch eigentlich mit seiner Lehre nichts zu tun haben und leugnen seine Einzigartigkeit in seiner Rolle als Erlöser.

Es ist schade, dass die echte Vereinigung beider Wege auf einer breiteren Ebene noch nicht stattgefunden hat. Denn wenn Christentum und Yoga sich trennen, verlieren beide etwas Wesentliches:

- Yoga das Wissen um das Wesen der Erlösung nach Golgatha,

- und das Christentum eine bewährte Praxis, die den Menschen dahin führen kann, sich von der Bindung an den äußeren Schein zu lösen und zum inneren Leben zu finden.

Yoga als ein Weg des Handelns

Beim Yoga geht es um die gelebte Praxis!
Es geht nicht um Lehrbücher und Schulen,
letztendlich auch nicht um Glaubensvorstellungen,

sondern es geht um das Tun!

Das ist die große Stärke des Yoga – und vermutlich der Grund, weshalb Yoga im Westen so attraktiv ist. Für die enttäuschten Anhänger der Kirchen, die das Christentum als eine bloße Glaubens-Religion erlebt haben, winkt hier der Rettungsanker.

Alle Yoga-Wege führen zur Praxis der Meditation.

Es gibt keine Meditation ohne Weisheit,
es gibt keine Weisheit ohne Meditation.

Buddha

Wichtig ist aber,
dass Meditation alleine nicht der Weg sein kann:

Wenn ein Mensch ein Buddha würde,
einzig indem er in Meditation sitzt,
dann wären alle Frösche längst Buddhas.

Zenlehrer Sengai (1750-1837)

Natürlich ist es ebenso wichtig, dass ein Mensch seine äußeren Fähigkeiten schult und dass er im sozialen Miteinander eine moralische Integrität anstrebt. Eine große Gefahr einer exzessiv betriebenen Meditationspraxis ist, dass eine wichtige Komponente des spirituellen Weges verdrängt wird: die Selbsterkenntnis. Der bewusste Mensch erkennt sich im Spiegel seines Nächsten. Er forscht bei den Punkten nach, die ihn bei seinem Mitmenschen aufregen, um auf eigene Schwächen und Fehlhaltungen zu stoßen (die christliche Lehre vom „Balken im eigenen Auge").

Meditationen und Mantras können gerade mit den Gefühlen der Behaglichkeit und des inneren Glücks, die sie hervorrufen, dazu führen, dass unangenehme Eigenschaften bei einem Selbst überdeckt werden. Man wähnt sich über den Wolken, hat jedoch versäumt, die Schmutzhalden aufzuräumen, die sich noch im eigenen Keller befinden. Störende Empfindungen werden gerne mit Meditation und Mantra-Wiederholungen beiseitegeschoben. Das darf jedoch in keinem Fall die Funktion der Meditation werden. Aufräumen geht nur über den schmerzlichen Weg der Selbsterkenntnis.

Im Urchristentum wird dieser Weg ‚der Weg der Bereinigung' genannt. Er umfasst folgende Schritte:

- Erkenne deine Fehler
- bereue sie
- vergib und bitte um Vergebung
- mache wieder gut, sofern es noch möglich ist
- tue die alten Fehler nicht mehr und eigne dir dafür positive, gesetzmäßige Verhaltensmuster an.

Auf diesem Weg wird der ganze Alltag zum Übungsfeld für die spirituelle Praxis: Familie, Beruf und Freizeit. Diesen Weg reklamieren die Urchristen gerne für sich, er ist aber, wie der Begriff „Svadhyaya" aufzeigt, im Yoga ebenso bereits angelegt (s.S. 32).

Dieser Weg bildet die wesentliche Grundlage für den Weg der Meditation. Leider aber wird im Christentum – und auch im Urchristentum – die Meditation im tieferen Sinne nicht gelehrt. Unter einer Meditation wird lediglich ein vorgelesener Text verstanden, auf den man sich als Hörer einlässt, aber nicht eine aus sich selbst heraus ausgeführte Übungspraxis. Körperliche oder geistige Übungen, die helfen können, den Menschen in tiefere meditative Zustände zu führen, werden meist nicht angeboten.

Der Weg der Selbsterkenntnis kann nur ein Teil der religiösen Praxis sein. Konzentriert sich der Mensch nur auf den Weg der Selbsterkenntnis, so muss er erschlaffen. Das ständige Lauern auf die eigenen Fehlhaltungen ermüdet und führt ihn nicht wirklich heraus aus seinen nach außen gerichteten Wünschen und Begierden. Der Mensch bedarf für seine Weiterentwicklung auch eines Weges der Übung, der ihm positive Erlebnisse und spürbare Fortschritte verschafft.

Viele Urchristen, die ich auf meinem Weg kennengelernt habe, sind vom Weg wieder abgekommen. Der Grund war aber niemals der Zwiespalt zwischen Hinwendung an Christus und Yoga. Der Grund war durchgehend der Zwiespalt zwischen der Hinwendung an Christus und den menschlichen Wünschen und Leidenschaften. Wie ich es erlebt habe, sind das die beiden

Boote, die die meisten Christen auf ihrem Weg zerreißen. Was wird angeboten, um aus dem Boot des niederen menschlichen Egos endlich auszusteigen und diesen Zwiespalt zu überwinden? – Nun ja, wir können noch intensiver beten und noch mehr Sprechkassetten hören. Doch für die meisten genügt das nicht. Nicht umsonst haben sich die Pioniere des frühen Urchristentums mit Fasten und Wachen, mit Geißeln und härenen Gewändern, mit Hitze und Kälte kasteit.

Heute meinen wir, diese archaische Stufe überwunden zu haben. Doch eine rechte Antwort auf die menschlichen Schwächen wird nicht gefunden. Entweder der moderne Urchrist wird von seinen menschlichen Schwächen wieder herabgezogen, oder er flüchtet sich in einen 16-Stunden-Arbeitstag. Darin ist ja wohl eindeutig kein Weg der wirklichen Sublimierung zu sehen, sondern ein Weg der Verdrängung, der nicht dem gelehrten Gleichgewicht zwischen „Bete und Arbeite" entspricht!

Der Mensch bedarf einer Disziplin, der er sich mit voller Begeisterung widmen kann. Wenn der Beruf mit Leidenschaft ausgeführt wird und den inneren Interessen des Menschen entspricht, so kann er natürlich hierin bereits seinen Weg gefunden haben, zum Beispiel als Forscher oder Heilkundiger. Die Kunst – sei es Malerei oder Musik – kann so ein Weg sein, der dem Menschen die Möglichkeit bietet, seine Fähigkeiten ständig zu erweitern und Gott in seinen Mitmenschen zu dienen. Ein Violinist zum Beispiel, der täglich viele Stunden auf der Geige übt, benötigt Yoga-Übungen vielleicht nur, um Verspannungen auszugleichen und vorzubeugen. Seine Meditation findet er in der Musik.

Aber nicht jeder Mensch ist ein Künstler, und nicht jeder Mensch findet in seinem Beruf seinen Weg der Weiterentwicklung, der alle seine Potentiale ausschöpft. In vielen Berufen kann der Mensch sinnvoll eine Aufgabe ausüben, wo er für andere da ist und die ihm auch Freude macht. Dennoch bleibt nach Feierabend noch ein Potential, wo der Mensch sich weiterentwickeln möchte. Dieses Potential wird sicher nicht durch die Rückschau auf den Tag, z.B. in Form eines Tagebuchs, abgedeckt, wo in wachsamer Selbstanalyse die eigenen Fehler erkannt werden sollen. Dieser Aspekt ist wichtig, aber er ist eben nur ein Teil!

Der Weg der Selbstkasteiung ist tatsächlich nicht mehr zeitgemäß. Yoga bietet dem modernen Menschen einen sanften Weg der Übung, wo er von den äußeren Wünschen und Zerstreuungen, sowie von der Hektik der äußeren Verpflichtungen wieder zu sich findet: nach innen, wo ja auch nach christlicher Lehre das Himmelreich zu finden ist.

Denn sehet, das Reich Gottes ist inwendig in euch.

Lukas 17,21

Auch das Hatha-Yoga, wie es im Westen häufig verstanden wird, führt nach innen – nicht nur als eine Vorbereitung auf die Meditation, sondern als eine „Körpermeditation". Allein die bewusste Körperwahrnehmung öffnet innere Räume, die zuvor unbekannt waren. Blockaden werden gelöst, der Zugang zum geistigen Potential wird wieder freigelegt. Die tägliche Praxis führt in eine immer bessere Beherrschung des Körpers durch den Geist. Der so geschulte Geist bewältigt das Leben besser, durch die positiven Erfahrungswerte, dass ein strategisches, kontinuierliches Vorgehen aus der Ohnmacht heraus, zu einem Status der Kontrolle führt. Ängste werden auf diesem Weg abgebaut – allein schon durch die körperliche Seite des Yoga.

Die positiven Effekte der Meditation können dann noch hinzukommen.

Ist Yoga mit dem christlichen Glauben vereinbar?

Ist Yoga vielleicht unchristlich oder sogar antichristlich?

Dieser Frage widmet sich der überzeugte Bibelchrist Eckart Haase auf zwei privaten christlichen Internetseiten: www.licharbeit-verführung.de und www.achtung-lichtarbeit.de.

Unter Berufung auf die Bibel distanziert er sich gleich mal pauschal von Sekten, Esoterik und Spiritualität! Ich bin unbedingt dafür, dass jeder seine Weltanschauung pflegen darf. Das beinhaltet auch, nach Belieben Weltanschauungen abzulehnen, solange man seine Mitmenschen nicht ablehnt und ihnen in ihrer Weltanschauung ebenso die Freiheit lässt. Die Denkweisen der Bibelchristen sind für mich allerdings sehr schwer nachzuvollziehen: Wenn Jesus von Nazareth nicht der Begründer einer esoterischen Sekte war, mit dem Ziel, die Menschen zur Spiritualität hinzuführen – was, um Gottes willen, war er dann???

Hier herrscht offenbar eine Begriffsverwirrung:

- Sekten heißt ja einfach nur „Abspaltungen", also kleine Glaubensgemeinschaften. Das sagt noch nichts über ihre Redlichkeit oder Unredlichkeit aus! Natürlich war das Christentum in seinen Anfängen nichts anderes als eine „Abspaltung" vom Judentum!

- Esoterik – die nur Wenigen zugänglichen Lehren – bilden den Gegenpol zur Exoterik – die der breiten Masse zugänglichen Lehren. Natürlich gibt es in jeder Religion beide Strömungen!

- Spiritualität ist ein Oberbegriff für alle Schulen und Praktiken, die sich mit dem Geistigen beschäftigen („spirit", engl. = Geist). Wer meint, das sei an sich abzulehnen, dem bleibt ja nur die materielle Ebene bzw. die Ebene der astralen Zwischenwelten. Da Gott Geist ist, ist Religion ohne Spiritualität wie Sonne ohne Licht – ein Ding der Unmöglichkeit!

Die Bibelchristen verteufeln in ihrem Eifer alles, was sie nicht einordnen können. Wenn Jesus heute übers Wasser gehen und Geistheilungen vollführen würde – würde er von den Bibelchristen nicht ganz schnell als Satan angesehen? Es ist mir jedoch wichtig, alle Einwände gegen ein christliches Yoga aufzugreifen und zu bedenken. Deshalb zitiere ich hier den vollständigen Artikel von Eckart Haase aus dem Internet:

Ist Yoga mit dem christlichen Glauben vereinbar?[15]

Yoga, insbesondere das Hatha-Yoga, wird heute auch im Westen immer populärer. Ja, es kommt sogar vor, dass Yoga-Kurse in Kirchengemeinden angeboten werden. Selten führen sich Kirchenverantwortliche dabei die hinduistischen Wurzeln des Yoga vor Augen. Täten sie dies, so würden sie es sich wohl zwei Mal überlegen, ob man Yoga so ohne weiteres in den christlichen Glauben integrieren kann.

Folgend soll ein Yogi selbst zum Wort kommen, der zu der Frage Stellung nimmt, ob es sozusagen ein "christliches Yoga" geben kann.

Der folgende Artikel wurde verfasst von Yogi Baba Prem, einem hinduistischen Yogi, Autor mehrerer Bücher und ausgebildet im traditionellen Gurukul-System. Wir hoffen, dass vor allem diejenigen, diesen Beitrag lesen, die der Meinung sind, Yoga sei mit dem christlichen Glauben vereinbar, oder die Yoga sogar in Kirchengemeinden anbieten.

Der Text wurde auszugsweise aus dem englischen übersetzt. Der englische Originaltext ist hier zu finden: http://rivr.sulekha.com/there-is-no-christian-yoga_184977_blog

---

Yogi Baba Prem:

Ich war sehr erstaunt, als ich einen Flyer mit einer Einladung zu einem "christlichen Yoga" erhielt. Ich konnte fast spüren, wie sich die Räder in meinem Hirn drehten. „Christliches Yoga?"

Während es natürlich praktisch möglich ist, dass Christen Yoga ausüben, wäre es mir neu, dass es christliche Lehren über Yoga geben würde. Yoga ist kein judäisch/christlicher Begriff. Yoga ist kein Bestandteil der römisch-katholischen Lehren und sicherlich auch nicht der evangelischen Lehren. Auch taucht der Begriff gar nicht in der Bibel auf. Es handelt sich vielmehr um einen hinduistischen Begriff, oder noch korrekter um ein

Wort aus dem Sanskrit aus der vedischen Zivilisation. Wie könnten wir also von „christlichem Yoga" sprechen?

Ich habe dazu nur zwei Erklärungen:

1) Die Christenheit sieht sich entweder durch Yoga bedroht und versucht nun, dieses System in ihr System zu integrieren, da es die Menschen immer stärker und erfolgreicher in spirituelle Lehren einführt

oder

2) Die Christenheit versucht unbewusst zu den spirituellen Wurzeln der vedischen Gesellschaft zurückzukehren.

Ich fragte mich, welchen Grund sollten Christen wohl haben, Yoga zu übernehmen? Könnte es mit dem Rückgang an Kirchenmitgliedern in den letzten 60 Jahren zu tun haben? Könnte es sich um einen großen Marketing-Coup handeln? Ist es ein Versuch, die Yoga-Lehren abzuschwächen und eigene kirchliche Lehren in das System zu integrieren? Oder liegt der Grund darin, dass es die Kirchen nicht ertragen können, dass sie nicht alles spirituelle besitzen?

Ich glaube, der wichtigste Grund ist, dass Yoga und andere fernöstliche Lehren Antworten auf spirituelle Fragen anbieten, die die Massen bewegen. Yoga verspricht ja einen praktischen und rationalen Zugang zu Spiritualität. Im Yoga gibt es keine Verdammung, stattdessen werden Liebe und Toleranz angeboten. Im Yoga gibt es keine „Sünde" oder ewige Verdammnis. Das wichtigste ist, dass es Antworten liefert. Es bietet einen Zugang zur Göttlichkeit an.

Die zweite Erklärung schließt mit ein, dass die Christenheit selbst auf der Suche nach Antworten war. Möglicherweise haben manche unflexible Lehren wie die ewige Verdammnis die Bedürfnisse der Mitglieder nicht mehr erfüllt und die der Kirchenoberen. Yoga anzubieten, erlaubt es den Christen heimlich Hinduismus zu praktizieren, ohne der christlichen Tradition zu entsagen.

Auch möglich, dass die Kirchenoberen realisiert haben, dass ihre Zeit als dominierende Religion sich ihrem Ende nähert. Sie müssen Yoga aufnehmen, bevor sie vom Yoga aufgenommen werden.

Die Realität sieht so aus, dass Yoga ein Teil des Hinduismus ist. Würde man erlauben, einen Teil davon zu entfernen, würde man eine Tür zur Verzerrung dieser Lehren öffnen. Wir müssen uns daran erinnern, dass die Wurzeln des heutzutage ausgeübten Yoga im vedischen Yoga liegen. Dasselbe vedische Yoga, welches auch die Grundlage des Hinduismus ist. Würde man es erlauben, dass ein Zweig von diesem Baum an Wissen getrennt wird, so würde das noch nicht zwingend den ganzen Baum töten, aber es könnte Belastungen auslösen und den Baum aus der Balance bringen.

Der Hinduismus sollte sein gesamtes Erbe reklamieren und es nicht anderen Gruppierungen erlauben, ihre heiligen Lehren unter deren Banner führen zu lassen, besonders wenn diese Gruppen keine Tradition in ihrem System bzgl. dieser Lehren haben. Wenn sie sagen, sie möchten sich nur etwas davon „ausleihen" und dabei klar sagen, dass dies aus dem Hinduismus kommt, dann wäre es eine andere Sache. Aber oft versuchen Gruppen die hinduistischen Lehren als ihre eigenen darzustellen.

Gelehrte an Universitäten sollten den Standpunkt vertreten, dass Yoga ein Teil des Hinduismus ist und dass es erforderlich ist, ein Hindu zu sein, um Yoga zu praktizieren. Es ist wichtig, die Wurzeln dieser Tradition anzuerkennen. Man muss ein Hindu sein, um Yoga auszuüben. Vom historischen Kontext her ist es klar, dass Yoga aus dem Hinduismus kommt.

Baba Prem

Folgend noch eine Mitteilung der „Classical Yoga Hindu Academy": (übersetzt aus dem Englischen. Original: http://lighthousetrailsresearch.com/yoga.htm)

„Ist Yoga eine Religion, die Jesus ablehnt? Ja. So wie die Christenheit die hinduistischen Götter wie Shiva, Vishnu, Durga oder Krishna ablehnt, um nur einige zu nennen, so haben auch der Hinduismus und seine vielen Yogis nichts mit Gott oder Jesus zu tun (wobei wir aber den Glauben anderer respektieren). Als Yogis, die den yogischen Lebensstil leben, begrüßen wir es, wenn andere verstehen, dass alles, was mit Yoga zu tun hat, zum Hinduismus gehört. Modernes sogenanntes Yoga ist unehrlich gegenüber Hindus und gegenüber allen Nicht-Hindus wie z.B. den Christen."

Danda,
Dharma Yoga Ashram (Classical Yoga Hindu Academy)

Es ist schon bemerkenswert, dass Eckart Haase aus seiner bibelchristlichen Sicht heraus keine eigenen Argumente findet gegen eine Verbindung von Christentum und Yoga und anstatt dessen einen Yoga-Lehrer zitiert. Außerdem ist es widersprüchlich, dass offenbar dargestellt werden soll, dass Baba Prem als eine Autorität auf dem Gebiet des Yoga gilt (Autor mehrerer Bücher, ausgebildet in einem traditionellen System...). Wenn doch Yoga vom Teufel ist, warum soll dann gerade eine Autorität des Yoga geeignet sein, uns richtungsweisende Auskunft zu geben?

Befassen wir uns mit den angeführten Argumenten:

Zunächst einmal kommen da gar keine Argumente, sondern nur ein Gefühl der Befremdung, das sich ausdrückt. Dann kommen in Fragesätzen gefasste Spekulationen über die Beweggründe der Christen, sich mit Yoga zu beschäftigen. Hierbei wird „die Christenheit" mit den Kirchen gleichgesetzt. Diese oberflächliche und einengende Denkweise der meisten westlichen Intellektuellen wird einfach übernommen. Das ist enttäuschend bei einem spirituellen Praktiker, von dem man erwarten sollte, dass er tiefer blickt.

Dabei wird bereits mit einem bisschen historischen Hintergrundwissen deutlich, dass die Kirchen bis in die Jetztzeit immer die Institutionen waren, die kleinere christliche Glaubensgemeinschaften und Einzelpersonen, die sich ihnen nicht unterwarfen, mit aller Brutalität als Häretiker verfolgt haben (Katharer, Gnostiker und – mit anderen Mitteln – heute die Urchristen). Mit der Lehre von der Ewigen Verdammnis und von der Jungfrauengeburt, mit

Berufspriestertum, Säuglingstaufe und Waffensegnen verstoßen die scheinchristlichen Kirchen ganz offensichtlich gegen die ursprüngliche christliche Lehre, wie sie größtenteils sogar auch in der Bibel noch enthalten ist. Unter diesen Umständen die Kirchen als die Vertreter „der Christenheit" zu akzeptieren und aufzufassen, ist ein bedauerlicher Irrtum, der zwar leider weit verbreitet ist, den man aber bei einem fortgeschrittenen spirituellen Lehrer eigentlich nicht erwarten sollte.

Folgende Aussagen werden zur christlichen Lehre als Gegensätze dargestellt:

Im Yoga gibt es keine Verdammung, stattdessen werden Liebe und Toleranz angeboten. Im Yoga gibt es keine „Sünde" oder ewige Verdammnis.

Die Abwertung des Christentums, die Baba Prem offenbar bewegt, ist deutlich herauszulesen. Er erwähnt nicht (oder weiß es nicht?), dass es sich bei *Liebe und Toleranz* um die ursprüngliche christliche Lehre handelt, die von den Kirchen nur verdreht wurde. ,Ewige Verdammnis' ist ein Konstrukt der Kirchen, jedoch nicht die Lehre des Urchristentums. Die Idee der ,Sünde' hingegen gibt es sowohl im Christentum als auch – anders ausgedrückt – im Hinduismus.

Die Vermutung, der Westen sucht unbewusst nach seinen vedischen Wurzeln, könnte zutreffen. Nur liegt hierin an sich kein Argument gegen die Verbindung von Yoga und Christentum, solange die Anhänger der vedischen Religion sich gegen Christus nicht verschließen.

Das Argument, das kommt, klingt im ersten Moment sehr einleuchtend, ist aber letztendlich genau die Aussage, die hinterfragt wird. Es stellt sich als Scheinargument heraus:

Die Realität sieht so aus, dass Yoga ein Teil des Hinduismus ist.

Das war ja gerade die Frage: Ist Yoga ein für allemal auf den Hinduismus beschränkt? Es ist, als würde man fragen: Warum ist die Banane krumm? Antwort: „Weil sie krumm ist". Das ist nicht wirklich erhellend.

Man muss ein Hindu sein, um Yoga auszuüben.
Vom historischen Kontext her ist es klar, dass Yoga aus dem Hinduismus kommt.

Das klingt ein wenig trotzig: „Das war immer so, und das wird auch immer so bleiben". Dass Yoga verzerrt wird, wenn es von seinem historischen Kontext losgelöst wird, ist einfach nur eine Behauptung. Genauso gut kann man die These aufstellen, Yoga wird durch die Loslösung aus dem historischen Kontext befreit und weiterentwickelt. Wirkliche Argumente sind hier nicht herauszulesen.

Ein Beispiel für die Herauslösung des Yoga aus dem traditionellen hinduistischen Kontext gibt es bereits seit 2.500 Jahren: den Buddhismus. Hätte der entflohene Prinz Siddhartha Gautama sich nur einen Hauch um Tradition und historischen Kontext geschert, so hätte er seinen Weg zur Erleuchtung nicht gefunden!

Die Antwort der „Classical Yoga Hindu Academy" besteht ganz offenbar aus Behauptungen, die ein traditionelles Lehrgebäude beschützen sollen. Yoga eine Religion, die Jesus ablehnt? Die Frage wird einfach mit ‚Ja' beantwortet. Dabei gibt es viele Yogis, die das anders sehen (Beispiele: Yogananda, Sivananda).

Es wird kühn postuliert, der Hinduismus und seine vielen Yogis haben mit Gott oder Jesus nichts zu tun. Das ist nun wirklich überraschend. Dass es sich bei der hinduistischen Gottheit Ishvara („der höchste Lehrer") und beim christlichen Gott Jahwe („Ich bin, der ich bin") um ein und dasselbe höchste Wesen handelt, ist nicht allzu weit hergeholt. Auch dass Krishna und Jesus nur verschiedene Inkarnationen von ein und demselben Wesen sind, ist eine von vielen zumindest für möglich gehaltene These. Sicher muss man diese Auffassungen nicht teilen. Aber seine eigene Sichtweise dogmatisch auf alle Anhänger der eigenen Religion zu übertragen, erinnert an die vatikanische Glaubenskongregation: ein Institut, das sich anmaßt zu definieren, was „rechtgläubig" ist und was nicht.

Warum ein Bibelchrist solche „Autoritäten" einer Religion anerkennt, die er verteufelt, kann nur den Grund haben, dass sich beide auf einer Ebene gefunden haben: auf der Ebene des orthodoxen Lagers, das den status quo bewahren will.

Mit der letzten Aussage stimme ich überein:

Modernes sogenanntes Yoga ist unehrlich gegenüber Hindus und gegenüber allen Nicht-Hindus wie z.B. den Christen.

Der Grund hierfür ist jedoch nicht,

dass alles, was mit Yoga zu tun hat, zum Hinduismus gehört.

Der Grund ist, dass sich, wie bereits ausgeführt, die indischen Yoga-Lehrer dem Christentum nicht wirklich öffnen und dass die westlichen Yoga-Schüler sich der eigentlichen Intention des Yoga, dem Ziel der Erlösung, nicht wirklich öffnen. Hier geschieht von beiden Seiten eine Kulissenschieberei, die bis in die höchsten Ebenen geht. Die gegenseitige Toleranz bleibt an der Oberfläche und läuft auf einen Kuhhandel hinaus. So wie Yoga derzeit im Westen meist praktiziert wird, ist es offenbar noch nicht wirklich ein *christliches Yoga.*

Das größte Argument gegen die schöne Idee, ernsthaft von anderen Kulturen zu lernen, ist und bleibt die Frage: Wird die Hinwendung zu verschiedenen Quellen den Menschen nicht zerreißen? Gleicht das nicht einem, der einen Fluss überqueren will mit jedem Bein in einem Boot?

Es ist schwer, hierauf eine Antwort zu finden. Widmen wir uns doch zunächst der Frage, was daraus folgt, wenn Yoga und Christentum sich gegenseitig ausschließen?

- Der westliche Yogi gibt sein Yoga auf, sobald er zum Christentum findet (und verteufelt es fortan, sofern es sich um herkömmliches Bibelchristentum handelt).

- Der indische Yogi – den ja das Christentum auch für den Glauben an den Erlöser gewinnen will! – sollte ebenso seine Yogapraxis dafür aufgeben.

Hier muss man sich deutlich machen, was Yoga in Indien bedeutet. Krishnamacharya sagte,

Yoga ist das größte Geschenk Indiens an die Welt[4].

Wer indisches Yoga nur gleichsetzt mit den bizarren Auswüchsen von fanatischer Guru-Unterwerfung, fanatischer Selbstaufgabe als obdachloser Wandermönch oder fanatischer Askese und Selbstverstümmelung, der hat einen verzerrten Blick darauf. Für viele berufstätige Familienväter und Familienmütter in Indien bedeutet Yoga eine regelmäßige Praxis der Gymnastik und Meditation, die sie täglich in den frühen Morgenstunden vor ihren familiären und beruflichen Verpflichtungen ausüben. Die Idee, ihnen ihre spirituelle Praxis wegzunehmen, um sie Gott näherzuführen, mutet absurd an!

Es ist offenbar diese Arroganz der christlichen Kirchen, die eine Verbreitung des christlichen Evangeliums in die indischen Haushalte bisher sehr gehemmt hat (abgesehen von ihrer abstoßenden Interpretation des Erlösungsgeschehens).

Yoga und die ayurvedische Heilkunst können sich wunderbar ergänzen und eine Einheit bilden.

Es liegt nahe, dass Yoga und Ayurveda enger zusammenarbeiten, denn sie speisen sich aus denselben Wurzeln und denken in dieselbe Richtung, sodass oft

beeindruckende – auf Synergie beruhende – Heilerfolge möglich werden.

Diese Erkenntnis aus einer modernen westlichen Veröffentlichung[16] ist nicht neu, sondern war bereits die Grundlage der Arbeit von Krishnamacharya (1888-1989)[4].

Die therapeutischen Aspekte des Yoga können eingesetzt werden, um den Mitmenschen zu helfen, deshalb sieht es der fortgeschrittene Yogi oft als seine Verantwortung, nicht nur als Yoga-Lehrer, sondern auch als Naturheilkundiger zu wirken. Die traditionelle Vereinigung des Amtes eines Priesters und Geistigen Lehrers mit dem eines Arztes wird in vielen indischen Yoga-Schulen lebendig erhalten.

Dieses überlieferte bewährte Wissen einfach mit der westlichen Schulmedizin ersetzen zu wollen, stellt für Indien keine Befreiung von einem Irrweg dar, sondern eine Verarmung. Das Bestreben der westlichen Schulmedizin sollte es sein, die überlieferte indische Heilkunde, die mit Yoga in einem engen Zusammenhang steht, zu ergänzen, nicht aber zu ersetzen.

Der Typus des christlichen Missionars, dem es einfach nur ein Anliegen war, die reiche indische Kultur mit dem Glauben an den Erlöser Jesus Christus zu ersetzen, ist ein Relikt aus dem 19. Jahrhundert. Heute ist der Westen bereit, von Indien zu lernen. Offenbar sieht er sich aber nicht in der Lage, Indien auf spirituellem Gebiet auch etwas zu geben. Der Westen sieht seine Stärke immer nur auf dem Gebiet des rationalen Denkens, der Technologie und der Wirtschaft. Damit stellt er aber sein Licht unter den Scheffel.

So wie das größte Geschenk Indiens an die Welt nicht Pfeffer, Curry und Darjeeling-Tee sind, so könnte auch das größte Geschenk des Westens an die Welt durchaus auf spirituellem Gebiet liegen:

- im Glauben an den Erlöser, wenn die Natur der christlichen Erlösung nur richtig übermittelt wird,

- sowie in einer geistigen Eigenständigkeit, die sich der Westen seit der Epoche der Aufklärung erarbeitet hat: die Emanzipation von „unfehlbaren Heiligen" und dogmatischen Rechtgläubigkeits-Kongregationen, die der Osten dringend nötig hätte (man denke nur zum Beispiel an die leichtgläubige Guru-Verehrung, die die Yoga-Lehrer immer wieder zur Korruption verleitet; an ein fehlgeleitetes Karma-Verständnis, das verhindert, dass Notleidende die angemessene Hilfe erfahren; an das immer noch bestehende hinduistische Kastenwesen – und, und, und...).

Anstatt dessen instrumentalisiert der westliche Yoga-Schüler das Yoga für seine Wellness-Bedürfnisse oder er unterwirft sich kritiklos dem östlichen Guru. Auf beiden Wegen entfaltet er offenbar nicht sein volles Potential.

Könnte nicht im *christlichen Yoga* der Schlüssel liegen, um das volle Potential zu entfalten und im Gegenzug auch Indien etwas zurückzugeben?

Warum soll denn Yoga mit bis zu 330 Millionen verschiedenen Göttern funktionieren (je nach Darstellung der hinduistischen Götterwelt), nur gerade mit dem christlichen Gott nicht???

Gefahren des Yoga-Weges

Yoga beinhaltet viele Gefahren, die aber durch Aufklärung durchaus in den Griff zu bekommen sind. Dass Autofahren gefährlich ist, ist ja auch kein Grund, nicht Auto zu fahren. Wichtig ist, dass man die Regeln kennt und weiß, worauf man zu achten hat.

Gefahren des Yoga-Weges sind:

- Bindung, Energieverlust und Unselbständigkeit durch die Klammerung an einen vermeintlich unfehlbaren „Guru" und seine Versprechungen

- eine übersteigerte Erwartungshaltung gegenüber „Techniken" für den spirituellen Fortschritt

- ungesetzmäßiges Öffnen von Chakren

- Trennung von der Gefühlsebene durch Überdecken der persönlichen Schwächen mit Mantren und Meditationen, damit zusammenhängende Entfremdung vom Mitmenschen

- und nicht zuletzt körperliche Verletzungen durch einen übersteigerten Ehrgeiz.

Auf diese Gefahren soll der Reihe nach näher eingegangen werden, wobei jeweils eine Darstellung im Wertequadrat von Paul Helwig / Schulz von Thun erfolgt. Es vermag in verblüffender Weise die verschiedensten Fragen im Handumdrehen zu erhellen[17]. Scheinbare Gegensätze werden zu Komplementären. Die Gefahr der „entwertenden Übertreibung" wird klar herausgestellt, indem sie stets mit dem wahren Gegensatz als Komplementär einhergeht.

Auf der unteren Ebene des Wertequadrats finden wir die Gefahren, während in der Entwicklungsrichtung das jeweilige Gegenmittel ausfindig zu machen ist.

- **Guru-Bindung**

Viele Suchende nach dem Weg zur Erkenntnis, zur Glückseligkeit und zur Erfüllung ihres Lebenssinns wollen sich einem persönlichen Guru anvertrauen. Dieser soll es richten. Viele spirituelle Lehrer behaupten, ein Guru sei sogar notwendig, oder zumindest eine große Hilfe. Das schafft eine gefährliche Ausgangssituation. Denn die Sehnsucht nach einem Guru führt oft zu einer verminderten Kritikfähigkeit. Es handelt sich ja um die Suche nach einem Menschen „der Vollkommenheit erlangt hat", also nach einem vollkommenen Menschen. Es gibt aber keinen vollkommenen Menschen auf diesem Planeten! Es ähnelt der Suche nach dem vollkommenen Partner: Der überhöhte Anspruch blockiert eine sich auf gesunde Weise entwickelnde Beziehung zwischen den Geschlechtern. So kann die Meister-Jünger-Beziehung eine konstruktive Lehrer-Schüler-Beziehung blockieren.

Wie kann eine Guru-Suche verlaufen?

- Entweder man versteift sich auf einen „persönlichen Meister" und wird blind gegenüber seinen mehr und mehr zutage tretenden Fehlern.

- Oder man behält seine wache Kritikfähigkeit, wird dann aber nach und nach alle angeblich „unfehlbaren" Gurus enttarnen und schließlich zum einzig wahren Weg finden: zum Weg nach innen, zu sich selbst!

Das heißt jedoch nicht, alle Lehrer abzulehnen – wie ja die Erkenntnis, dass es den vollkommenen Partner nicht gibt, auch nicht dahin führen sollte, die Partnerschaft an sich abzulehnen. Die Begriffe werden oftmals durcheinander geworfen. Denn „Guru" kann zweierlei bedeuten: Persönlicher Meister und Lehrer! Diese Unterscheidung wird sogar schon im klassischen Yoga getroffen:

Diksha Guru und Siksha Guru: Jemand, der einem Schüler eine Einweihung gibt, ist ein Diksha Guru. Jemand, der einem Schüler etwas beibringt, aber nicht zu seinem persönlichen Meister wird, ist ein Sikshaguru. Normalerweise hat ein Aspirant nur einen Diksha Guru, aber mehrere Siksha Gurus.[6]

Der *Siksha Guru* ist ein Lehrer, der seine Schüler nicht an sich bindet (*Siksha*/oder *Shiksha*=Lernen, Lehren). Der *Diksha Guru* ist der Guru, der seine Anhänger nicht nur als Schüler belehrt, sondern der sie als seine Jünger an sich bindet: Er verspricht, sie zu Gott zu führen, und er gibt ihnen den Auftrag, den sie in dieser Welt erfüllen sollen. Unter *Diksha* wird oftmals eine Energieübertragung verstanden, die in einer Meister-Jünger-Linie weitergegeben wird. Es wäre jedoch naiv zu glauben, dass eine solche Energieübertragung ein Geschenk wäre, das nicht mit der Verpflichtung verbunden wäre, diese Energie auf irgendeine Art und Weise zurückzuzahlen. Nach einer Schrift im Universellen Leben[18] kann diese energetische Bindung sogar bis in eine weitere Inkarnation fortdauern! Der Jünger ist dann gezwungen, in einem weiteren Leben, die energetische Gabe abzuarbeiten! Ob es solche Fälle tatsächlich gibt, ist mir nicht bekannt.

Doch es ist die grundsätzliche Frage zu stellen: Wenn der Jünger durch den Guru zum allgegenwärtigen Gott, also zur Quelle der Energie im eigenen Innern geführt wird, wozu braucht er dann von ihm noch eine „Diksha"???

Offenbar geht es bei den „Diksha-Linien" von Meister zu Meister zu Meister NICHT um die universelle Quelle der Energie. Denn diese verschenkt sich frei und ist immer verfügbar. Wenn der Mensch zum Gott im eigenen Innern gefunden hat, wozu soll er dann noch vom Meister eine Diksha erhalten?! Wenn der Meister seinen Jünger nicht zum Gott im eigenen Innern führen konnte, kann dann die Diksha ihn wirklich zum „spirituellen Meister" machen? – Kann sie dann nicht nur Bindung schaffen?

Natürlich gibt es auch selbstlose Energieübertragung, zum Beispiel beim geistigen Heilen. Hier liegt keine persönliche Bindung zugrunde, die einem Menschen mit einem Gelübde an den anderen bindet. Der geistig gesetzmäßige Heiler ist ein Kanal für die Liebe Gottes, die durch ihn zu den Menschen strömt. Kein Geheilter ist dadurch dem Heiler zu irgendwas verpflichtet. Er muss nicht dem Heiler hinterherlaufen oder einen Auftrag abarbeiten. Er kann weitergehen und weiterhin frei über sein Leben verfügen.

Es gab gewiss fortgeschrittene Weise vor Christus, die für ihre Jünger die Aufgabe übernommen haben, sie als Guru zu Gott zu führen. Im traditionellen Yoga diente der Jünger im Haushalt seines Gurus. Er legte seinen gesamten Lebensweg in völliger Abhängigkeit in die Hände seines Gurus.

Durch Golgatha hat sich die Situation vollständig geändert:

Der Meister aller Meister – Christus – ist in jedem Menschen! Jeder Mensch hat seinen inneren Meister bei sich! Es ist nicht verkehrt, einen LEHRER anzunehmen und während einer Lehrzeit bei ihm zu lernen. Aber es ist nicht nur nicht notwendig, es ist entschieden schädlich, sich einem äußeren MEISTER mit Haut und Haaren zu verschreiben!

Die Hingabe an seine Lehrer bewahrt vor der Rechthaberei, vor der Arroganz, im Hochgefühl vermeintlicher Erkenntnis andere Auffassungen nicht mehr gelten zu lassen. Wessen Irrtümer schon einmal von einem kompetenten Lehrer im Handstreich demontiert wurden, der verliert diese Arroganz sehr schnell.

Gleichzeitig behält seine geistige Eigenständigkeit, wer sich seine Lehrer in freier Entscheidung wählt und sich nicht an einen einzigen bindet. Denn er muss die gemeinsame Wahrheit in den Lehren herausfiltern, und er muss auch bei jedem Lehrer lernen, Wahrheit und Irrtum zu unterscheiden – schließlich gibt es ja „den perfekten Lehrer" nicht!

Wie soll der Schüler erwachsen und mündig werden, wenn er seinen Lehrern niemals widerspricht? Ein guter Lehrer zeigt sich darin, dass er keine Schwierigkeiten damit hat, sich auf einen Diskurs mit seinen Schülern einzulassen – und gegebenenfalls dazuzulernen! Der konstruktive Diskurs zwischen Lehrer und Schüler kann erst entstehen, wenn der Schüler die Illusion vom „vollkommenen Meister" aufgibt – wie sich ein konstruktiver Umgang mit der Partnerschaft erst dann entwickeln kann, wenn man die Illusion vom „vollkommenen Partner" aufgibt.

So harmonieren die scheinbaren Paradoxe „Respekt vor seinen Lehrern" und „Geistige Eigenständigkeit" wunderbar miteinander und fördern sich gegenseitig.

Ebenso harmonieren und fördern sich aber auch „Guru-Verehrung" und „Rechthaberei". Denn wer sich mit Haut und Haaren an einen Guru gebunden hat, ist in Gefahr, alle kritischen Impulse in sich selber schroff zu unterdrücken. Mit der gleichen Schroffheit geht er dann in den Disput mit seinen Mitmenschen.

Diese Überlegungen dürfen nicht dahin führen, alle „Gurus", wie auch alle „Meister", pauschal zu verteufeln. Denn es gibt im Yoga – auch im traditionellen indischen Yoga – tatsächlich viele „Gurus", die eine Meister-Jünger-Beziehung strikt ablehnen und sich lediglich als Lehrer für ihre Schüler verstehen. Sie geben ihr Wissen weiter, binden aber ihre Schüler nicht an sich. Ebenso wird das Wort „Meister" mit verschiedenen Bedeutungen verwendet. Viele spirituelle „Meister" verstehen diesen Begriff lediglich so, dass sie ihre Regungen und Bestrebungen bemeistern, dass sie die Energien im eigenen Inneren beherrschen und über eine erweiterte Wahrnehmung verfügen. So wie es Handwerks-„Meister" gibt, verstehen sie sich als „Meister über sich selbst". Niemals würden diese „Meister" es beanspruchen, ein Meister über andere zu sein. Obwohl sie sich „Meister" nennen oder nennen lassen, treten sie gegenüber anderen stets nur als Lehrer auf und lassen ihnen die Freiheit, zu anderen Lehrern weiterzuziehen. Den Anspruch, bezüglich der sich ihnen anvertrauenden Schüler eine Weisungsbefugnis innezuhaben und Verantwortung für das Seelenheil bis zur Einswerdung mit Gott zu übernehmen, würden sie als das empfinden, was es ist: eine unerträgliche Anmaßung.

Das asiatische Modell der „Meister-Jünger"-Linie ist höchst fragwürdig. Viele der asiatischen Meister erscheinen so integer, dass sie eine Abhängigkeit von Schutzbefohlenen nie für selbstsüchtige Zwecke ausnützen würden. Dennoch müssen sie sich die Frage gefallen lassen, warum sie sich nicht mit der Rolle eines Lehrers begnügen und ihre Schüler ansonsten an den Meister aller Meister verweisen, der in ihnen selber wohnt.

- übersteigerte Erwartungshaltung gegenüber „Techniken" für den spirituellen Fortschritt

Weder besondere Asanas, Pranayamas noch Mantras können dem Menschen die Erleuchtung schenken. Wenn es so wäre, wie erbärmlich wäre es doch um das Wunder des Menschen und seiner Lebensreise bestellt! Natürlich können wir das Geheimnis unseres Daseins nicht einfach durch eine „Technik" entschlüsseln – zum Glück nicht!

Wir befinden uns seit der Geburt – und bereits seit vielen Geburten – auf einem magischen Wachstumsweg. Diese Inkarnation ist uns geschenkt, damit wir an allen Erfahrungen unseres Lebens wachsen. Wer die Lebensschule Erde auf das Erlernen einer Technik reduzieren will, macht seinen Schülern etwas vor. Schüler, die darauf ansprechen, können nur Menschen sein, die von ihrem Leben enttäuscht sind – die aber nicht bereit sind, sich dem Aufgabenfeld ihres Lebens zu stellen.

Wir wachsen und reifen durch alle Erfahrungen unseres Lebens und durch alle Entscheidungen, die wir treffen. Vielleicht können wir sogar durch bestimmte Techniken sensationelle spirituelle Erfahrungen machen, aber ist das wirklich das, worum es geht?

Der Bambus wächst zwar einen Meter an einem Tag,
aber innen drin bleibt er leer und hohl.

Sadhu Sundar Singh, indischer Urchrist (1889-1929)

Wer durch intensive Übung den vollkommenen Lotossitz und anspruchsvolles Pranayama perfekt beherrscht und sich fünf Minuten später über seine Mitmenschen aufregt, der hat noch sehr an sich zu arbeiten – und damit ist nicht die Meditation gemeint! Die Ausstrahlung von Liebe und Güte, die einen fortgeschrittenen Lehrer anziehend macht, hat er sich nicht allein durch Meditation erworben, sondern durch eine Lebensbejahung, die das ganze Leben mit all seinen Höhen und Tiefen umfasst.

Alle diese Aussagen sind jedoch keine Argumente dafür, Techniken zu verteufeln. Natürlich dürfen wir lernen über die Funktionsweise unseres physischen Körpers und unserer verschiedenen Energiekörper. Das Argument, das sei ein trügerischer Weg der „Selbsterlösung", das von „christlicher" Seite gerne kommt, vergisst, dass es bei den ursprünglichen Lehren Jesu auch um das Tun geht und um unmittelbare spirituelle Erfahrungen, die der Menschen auf seinem Weg durch eigene Schritte machen kann. Der Widerspruch von Gottes Gnade auf der einen Seite und Selbsterlösung auf der anderen löst sich auf, wenn man sich bewusst macht, dass die Gnade Gottes ja immer da ist – sie aber erst dann im Menschen wirken kann, wenn er durch eigenes Handeln den Boden bereitet.

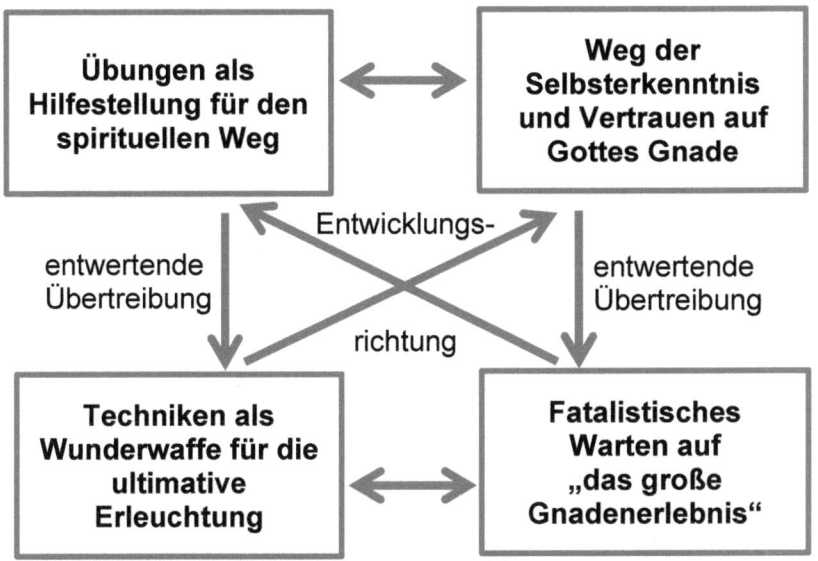

positives Spannungsverhältnis

| Übungen als Hilfestellung für den spirituellen Weg | ⟷ | Weg der Selbsterkenntnis und Vertrauen auf Gottes Gnade |

Entwicklungsrichtung

entwertende Übertreibung — entwertende Übertreibung

| Techniken als Wunderwaffe für die ultimative Erleuchtung | ⟷ | Fatalistisches Warten auf „das große Gnadenerlebnis" |

Über-Kompensation

Wichtig ist es, weg zu kommen von der irrigen Ansicht, es gäbe eine „Technik", die zur Vollkommenheit führt. Eine gereifte Persönlichkeit ist das Produkt seines gesamten Lebensweges. Sie erwächst nicht durch Ausübung einer Technik, sondern in einem langen Prozess der Arbeit an sich selbst durch Selbsterkenntnis im Spiegel der Mitmenschen. Die Quelle einer durch eigene Anstrengung herbeigeführten metaphysischen Erfahrung könnte ja nur im Willen des Menschen selber liegen – würde ihn also nicht wirklich auf eine höhere Ebene heben. Daher kann eine Erfahrung der göttlichen Vollkommenheit nur durch Gottes Gnade zuteilwerden.

- **ungesetzmäßiges Öffnen von Chakras**

Wer von „Chakras" spricht, verbindet damit häufig Verteilstationen von Energie in der Art von Trafos in der Elektrizität. Wenn der eingeschränkte Entwicklungsstand des Menschen damit zusammenhängt, dass es in diesen Energiezentren Blockaden gibt, dann liegt es nahe, diese Blockaden lösen zu wollen. Es kann hilfreich sein, solche Bilder zu verwenden. Es ist jedoch gefährlich, den Menschen auf diese Ebene zu reduzieren.

Zu einem tieferen Verständnis kann das deutsche Wort „Bewusstseinszentren" verhelfen. Es geht bei diesen Zentren um Bewusstseinsebenen des Menschen, die mit der gesamten Entwicklung des Menschen in Zusammenhang stehen. Wenn ein älterer Mensch Jahrzehnte zurückschaut, wird er feststellen, dass er gegenüber früher zu anderen Ansichten gelangt ist, dass sich Prioritäten verschoben haben, dass er Eitelkeiten abgelegt hat und sich dafür andere Eitelkeiten herausgebildet haben, dass er ein paar äußere Fähigkeiten verloren hat, dass sich aber dafür weit wertvollere innere Fähigkeiten entwickelt haben – dass er zu einem vollkommen anderen Bewusstsein gelangt ist.

Dieser Prozess umfasst die gesamte Lebensreise. Es geht um Schritte auf der Lebensreise, die nach und nach vollzogen werden. Diese Schritte ersetzen zu wollen durch eine Technik, die ein bestimmtes Chakra anspricht, oder – schlimmer noch – durch einen manipulativen Eingriff von außen, ist ein Irrweg, der üble Folgen haben kann, der aber in keinem Fall unserem gesetzmäßigen Fortschritt dienlich sein kann. Es geht hier um einen Eingriff, der dem kosmischen Gesetzt zuwiderhandelt!

Wenn Energiekanäle aktiviert werden, die in der gesetzmäßigen Entwicklung noch nicht anstehen, dann können dadurch Bewusstseinsinhalte wachgerufen werden, die der Mensch nicht verarbeiten kann. Es fehlen ihm noch die Werkzeuge einer höheren Reifestufe, die er noch nicht erreicht hat. Nicht umsonst waren diese Bewusstseinsinhalte verdeckt. Nun aber sieht er Bilder aus Vorinkarnationen, die er noch lange nicht verarbeiten kann, oder zieht durch ein Energieleck, das er nicht zu stopfen vermag, Geister an, die von ihm Energien abzapfen wollen. Die „Gurus", die mal eben im Handstreich „eine Chakra-Öffnung vornehmen", kümmern sich selten um eine Nachsorge, um diese unschönen Folgen wieder zu beheben.

Unsere westliche Herangehensweise an Yoga fördert solche Situationen: Wir verstehen Yoga als eine hübsche Gymnastik und lassen uns darüber hinaus gerne auf seine metaphysischen Aspekte ein. Denn sie vermitteln, dass es sich hier um ein „fortgeschrittenes Yoga" handelt – ohne uns jedoch in aller Ernsthaftigkeit mit der metaphysischen Ebene auseinanderzusetzen. Wir übertragen einfach unser Gymnastikverständnis von Yoga auf die metaphysische Ebene – auf die Yoga nun einmal abzielt! – und wundern uns dann, dass sie nicht in der gleichen Weise durch ein bisschen Übung beherrschbar ist, wie die Dehnbarkeit unserer Muskeln und Bänder...

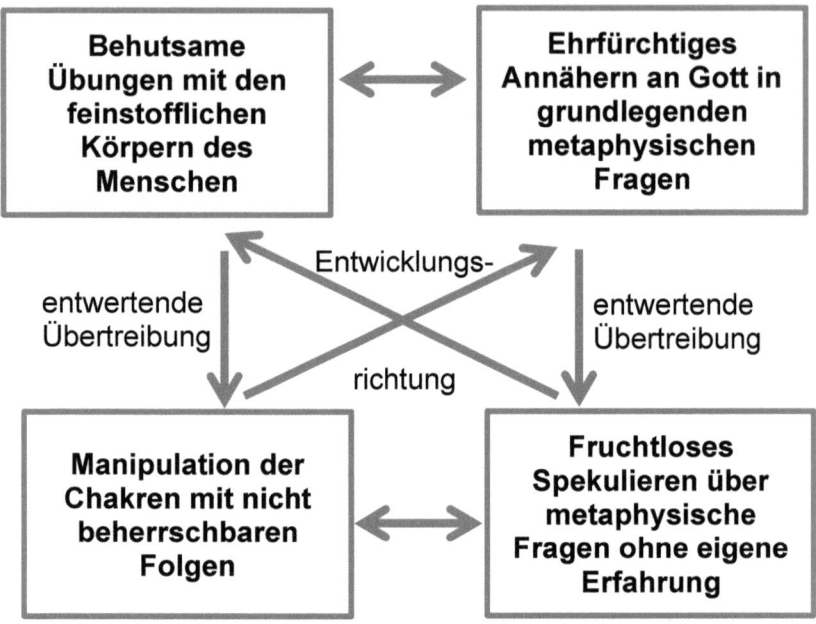

Über-Kompensation

Es zeigt sich die Gefährlichkeit der westlichen oberflächlichen Herangehensweise. Es zeugt von großer Arroganz zu glauben, man habe Yoga verstanden, wenn man sich den grundlegenden metaphysischen Lebensfragen nicht stellt:

- Wo komme ich her?

- Wo gehe ich hin?

- Wie kann ich zu meinem Schöpfer finden?

- Wie kann ich Gott am besten dienen?

- Was ist moksha, Erlösung?

Für wen der Yogaweg die sehnsuchtsvolle Suche nach Antworten auf diese grundlegenden Fragen bedeutet, der wird kaum für die Versprechungen der sensationellen Erfahrungen, die Techniken und Chakra-Öffnungen vermitteln sollen, anfällig sein.

Wunderbare Erfahrungen kommen – aber nicht dann, wenn wir es wollen, oder wenn der Guru es will, sondern wenn wir dafür reif sind!

- **Überdecken der Gefühlsebene**

Ein beliebter Effekt von Yoga ist etwas mehr Ausgeglichenheit und innere Ruhe. Des emotionalen Aufruhrs durch das, was der Chef oder der Ehepartner sagt und einem antut, sind viele Menschen müde. Von der Verheißung, sich durch Yoga davon unabhängig zu machen und dauerhaft inneren Frieden und inneres Glück zu verspüren, lassen sich immer mehr Menschen ansprechen.

Allerdings gibt es natürlich auch zur Ausgeglichenheit eine „entwertende Übertreibung", die eine Gefahr darstellt.

positives Spannungsverhältnis

| Ausgeglichenheit und innerer Friede | ←→ | Lebendige Gefühlserfahrung im vollen Spektrum aller Gefühle |

Entwicklungs-

entwertende Übertreibung   entwertende Übertreibung

richtung

| Gleichgültigkeit und fehlende Empathie | ←→ | Rührseligkeit und Wehleidigkeit, emotionale Abhängigkeit und Labilität |

Über-Kompensation

Um der Gefahr einer gefühllosen Gleichgültigkeit gegenzusteuern ist es wichtig, seine Gefühle zuzulassen – ohne die Einteilung in „positive" und „negative" Gefühle. Gefühle wie Trauer, Melancholie, Verzweiflung und Wut müssen ebenso zugelassen werden wie Freude, Zuneigung und Hoffnung. Gleichzeitig ist es wichtig, sich nicht an einem Gefühl festzuhalten. Ein Kind lebt immer ganz im Hier und Jetzt und kann in seiner Gefühlslage von einem Augenblick auf den andern wechseln: von tiefster Trauer zu fröhlicher Ausgelassenheit, von zärtlicher Hingabe zu feurigem Zorn. Die echten tiefen Gefühle sind alle von der Liebe beseelt, erst die entwertende Übertreibung führt sie in die Destruktivität. So bedarf jedes Gefühl im Sinne des Wertequadrats des Gegenspielers, zu dem es in einem positiven Spannungsverhältnis steht. Das noch unschuldige Kind lässt das gesamte Gefühlsspektrum zu, hält sich aber an keinem Gefühlszustand mit seinem Ego fest. Daher rutscht es nie ab in die entwertende Übertreibung. Aus Trauer und Melancholie wird bei ihm nie Depression, aus Wut nie persönlicher Rachedurst. Durch das volle Spektrum der Gefühle lebt das Kind dafür in einer Ernsthaftigkeit und einer Würde, die es vielen Erwachsenen überlegen macht.

Der Erwachsene hat sich durch die Konditionierung der Gesellschaft oft in die Ebene der entwertenden Übertreibung gebracht: Sein Gefühlsleben schwankt zwischen Gleichgültigkeit und Rührseligkeit hin und her. In der Trauer, wenn jemand verstorben war, durfte er nie fröhlich sein. Dafür wurden melancholische Nachdenklichkeit und Trauer – abseits von Beerdigungen – oder Wut als „negative" Gefühle eingestuft. Diese Bewertung der Gefühlsebene durch die Gesellschaft, zusammen mit einem überhöhten Anspruch an das äußere Leben, uns Glück und Freude zu schenken, führten mehr und mehr zu einer Entfremdung gegenüber den wirklichen Gefühlen im Hier und Jetzt. Unterdrückte negative Gefühle, hysterische oder pathetische Gefühlsausbrüche (etwa in der partnerschaftlichen „Liebe" oder bei gesellschaftlichen Reden) und die vielen Enttäuschungen aufgrund des hohen Glücksanspruchs an das äußere Leben haben den modernen Menschen in eine emotionale Labilität geführt.

Viele asiatische Lehren greifen diesen Zustand auf. Sie entwerten die Gefühlswelt an sich als eine Bindung an die äußere Scheinwelt. Mit Meditation und Mantras kann der Mensch dann wieder „zu sich selbst" finden. Was jedoch häufig passiert, ist nur eine Überdeckung der Gefühlswelt. Das wird zunächst als angenehm empfunden, weil der Mensch auf einer oberflächlichen Ebene endlich wieder zur Ruhe findet. Diesen angenehmen Zustand wertet der Meditationsadept als Fortschritt, er verwechselt seine Gleichgültigkeit und fehlende Empathie mit einem erleuchteten Über-den Dingen-Stehen, sein Dauerlächeln wird zu einer starren Maske: Es kommt nicht wirklich von innen.

„Meditation als Leistungssport" und die Über-Kompensation „Helfer-Syndrom mit Heiligenschein" haben eines gemeinsam: Der Zugang zu den eigenen Gefühlen ist versperrt.

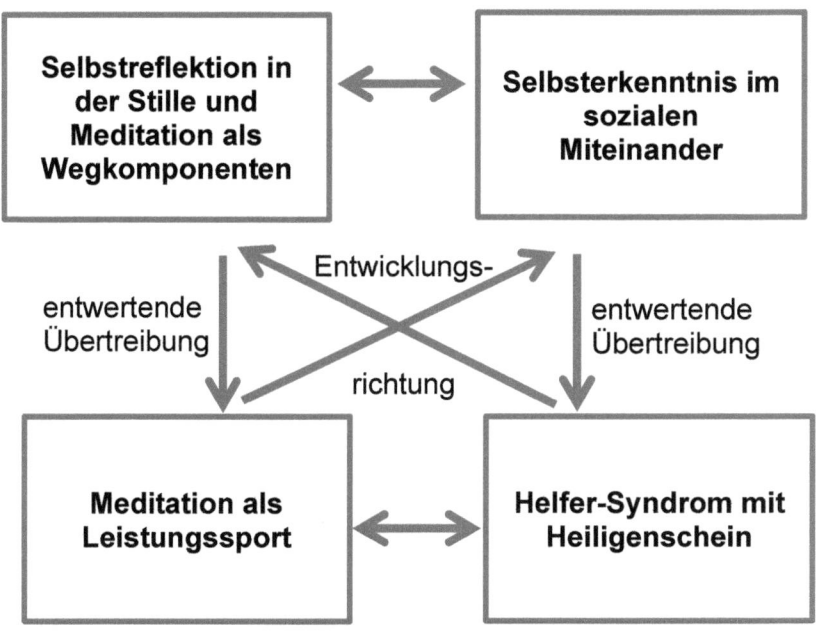

positives Spannungsverhältnis

| Selbstreflektion in der Stille und Meditation als Wegkomponenten | ←→ | Selbsterkenntnis im sozialen Miteinander |

entwertende Übertreibung — Entwicklungs- — entwertende Übertreibung

richtung

| Meditation als Leistungssport | ←→ | Helfer-Syndrom mit Heiligenschein |

Über-Kompensation

Das Gegenmittel ist die Selbsterkenntnis im Umgang mit dem Nächsten, wozu auch eine Selbstreflektion in der Stille gehört. Diese ehrliche Selbstreflektion kann zum Beispiel auch im tiefen Gebet geschehen, das die Kraft hat, den Zugang zur verlorenen Gefühlsebene wieder freizulegen. Die Meditation kann dazu beitragen, den Zugang zur wahren Gefühlsebene offen zu halten – wenn sie als Wegkomponente praktiziert wird und nicht als Leistungssport, und wenn sie ergänzt wird durch die Selbsterkenntnis im sozialen Miteinander.

Wirklich „zu sich selbst finden" geht nur über die Wertschätzung der eigenen Gefühlswelt. Dabei ist Trauer ebenso wichtig wie Freude, Wut und Verzweiflung ebenso wichtig wie Zuneigung und Hoffnung. Soll „der Erleuchtete" jemand sein, der kein Gefühlsspektrum mehr hat? Zu einer wahren Ausgeglichenheit und Güte ausstrahlenden inneren Ruhe findet nicht der, der seine Gefühlswelt mit Meditationen und Mantras überdeckt, sondern der in der Tiefe der Gefühle hinter allem die Liebe entdeckt.

In einem engen Zusammenhang mit der Überdeckung der Gefühlswelt steht die Entfremdung vom Nächsten. Wer Meditation als Leistungssport betreibt, glaubt, die Erleuchtung sei ein Ziel, das der Mensch erreichen könne wie eine Goldmedaille bei Olympia: als Einzelkämpfer.

Die ausschließliche Hinwendung zur Meditation kann eine Phase sein auf dem Weg des Erleuchtungssuchenden. Wird er jedoch zum dauerhaften Eremiten, so schränkt er sein Gesichtsfeld ein. Wer seine Mitmenschen als ein Hindernis auf dem Weg zur Erleuchtung betrachtet, der missachtet in gewisser Weise Gott. Gott ist in jedem Menschen, der uns begegnet. Durch die empathische Hingabe – die nur möglich ist, wenn der Zugang zu den Gefühlen offen ist – dient der Anhänger eines integralen Yoga seinen Mitmenschen. Er erlebt mehr und mehr die Einheit aller Menschen, und gelangt darüber zu einer vertieften Gotteserfahrung.

-   **Körperliche Verletzungen**

Der Ehrgeiz im Hatha-Yoga, der zu körperlichen Verletzungen führen kann, ist häufig anzutreffen, verfehlt jedoch völlig die Intention dessen, was vermittelt werden soll. Es geht beim Hatha-Yoga nicht um Höchstleistungen, auch nicht auf dem Gebiet der Beweglichkeit. Es geht um eine Aktivierung der Energien und um eine gesteigerte Körperwahrnehmung. Dabei ist es unerheblich, ob eine Übung voll, oder, aufgrund mangelnder Beweglichkeit, nur teilweise ausgeführt werden kann.

positives Spannungsverhältnis

Anstrengung bei den Yoga-Übungen	←→	Hören auf den eigenen Körper

Entwicklungs-

entwertende
Übertreibung

entwertende
Übertreibung

richtung

Hatha-Yoga, um andere zu beeindrucken	←→	Ständiges Nachgeben den körperlichen Regungen, fehlende Selbstüberwindung

Über-Kompensation

Das Yoga, das sich an artistischen Vorbildern orientiert, um andere zu beeindrucken, rutscht in der Über-Kompensation leicht in eine Nachlässigkeit beim Üben hinein. Eine Regelmäßigkeit in den Übungen erreicht eher der, der nach innen auf den eigenen Körper hört und von daher in die eigenen Prozesse hineinfindet, die durch die Übungen angestoßen werden und die bei jedem Yogi anders verlaufen.

Es gibt viele Gefahren des Yoga-Weges. Ein „Yoga-Meister", der uns zu seinen Jüngern machen will, gehört selber zu diesen Gefahren. Ein erfahrener Lehrer jedoch kann helfen, die Gefahren rechtzeitig zu erkennen und den Yoga-Weg entsprechend zu korrigieren.

Beispiele für eine sinnvolle Synthese

Es gibt so viele Wege zu Gott
wie es Seelen gibt auf der Welt.

Weisheit der Sufis

Es gibt nur eine Wahrheit,
die Weisen geben ihr verschiedene Namen.

Rigveda

Der christliche Yogi Omraam Mikhael Aivanhov (1900-1986) bezog die Ernährung in den christlich-mystischen Weg mit ein und sprach dabei von *Hrani-Yoga* (Hrana=Nahrung). Es geht dabei sowohl um die Nahrungsauswahl als auch um die bewusste Art und Weise der Nahrungsaufnahme. Das ist nichts Besonderes, viele christliche Gruppen praktizieren eine ähnliche Form des Ernährungsweges (z.B. die Adventisten). Besonders daran ist nur die Bezeichnung *Hrani-Yoga.* Doch wird der Ernährungsweg einfach nur dadurch, dass man ihn als *Hrani-Yoga* bezeichnet, plötzlich zu einem Konfliktpotential in Bezug auf den christlichen Weg, oder sogar zu einem teuflischen Gegenspieler?

Nehmen wir an, ein gläubiger Christ ist ein begeisterter Jogger und bereitet sich mit regelmäßigem Lauftraining auf den nächsten Volkslauf vor. Keiner würde darauf kommen, diese Praxis stünde in irgendeinem Konflikt zu seinem christlichen Weg. Er interessiert sich für das Laufen, informiert sich darüber in Fachbüchern und

Fachzeitschriften und erhält wertvolle Tipps von erfahrenen Läufern. Keiner würde behaupten, durch dieses Interesse wendet sich der gläubige Christ einer anderen Quelle zu und stünde mit jedem Bein in einem anderen Boot. – Sobald er diesen Weg aber als „Lauf-Yoga" bezeichnet, soll es plötzlich etwas vollkommen anderes sein? – ein gefährlicher Doppelweg? – oder sogar eine teuflische Versuchung, die ihn in die Irre führt?

Es zeigt sich, dass wir uns offenbar viel zu sehr an Begriffen festhalten, hinter denen die Inhalte verschwinden. Wofür ich in diesem Buch plädieren möchte, ist, sich frei zu machen von der „Schublade Yoga", die in der Vorstellungswelt mancher gläubiger Christen besetzt ist mit klischeehaften Vorstellungen von Guru-Unterwerfung und Götter-Verwirrung. Sollte es nicht viel eher darum gehen, was einer unter „Yoga" versteht, mit welchen Inhalten er diesen Begriff füllt? Es ist ja keineswegs so, dass der christliche Weg frei wäre von einer Ausrichtung auf äußere Autoritäten und „geistliche Würdenträger" oder von einer Anbetung von sog. „Heiligen", die dem Schöpfergott Konkurrenz machen.

Andererseits ist es wichtig, die Unterschiede zu erkennen. Es sollen keineswegs die verschiedenen spirituellen Wege in einen Topf geworfen werden. Es ist wichtig, sich mit den Wurzeln der Yoga-Schule zu beschäftigen, die man besucht.

- Handelt es sich bei der Yoga-Tradition um eine Meister-Jünger-Linie, im Sinne von *Dikshagurus*? Dann ist es wichtig, sich bewusst davon abzugrenzen. Denn hier ist in der Tat die Entscheidung gefragt, welchem Meister wir dienen: dem Befreier Christus oder einem durch eine Diksha an seine Tradition gebundenen Meister. Auch Reiki – und gerade das sogenannte „authentische Reiki" – ist eine Diksha-Tradition, die Bindung schafft.

- Handelt es sich bei der Yoga-Tradition um eine Lehrer-Schüler-Linie, die zwar ihre Lehrer im Sinne von *Sikshagurus* respektiert und in Ehren hält, aber keineswegs eine Verehrung und Anbetung dieser Lehrer verlangt? Dann kann es durchaus sinnvoll sein, das Wissen aufzugreifen und in die spirituelle Praxis zu integrieren.

Es gibt durchaus Beispiele für eine sinnvolle Synthese vom christlichen Weg mit Yoga, so wie auch die Beschäftigung mit Ernährung und Lauftraining sinnvoll in den christlichen Weg miteinbezogen werden können. Lehnen wir aus einem Erkennen der Unterschiede heraus eine sinnvolle Synthese kategorisch ab, so gelangen wir zur entwertenden Übertreibung:

Entfremdung, Abwertung, Verteufelung.

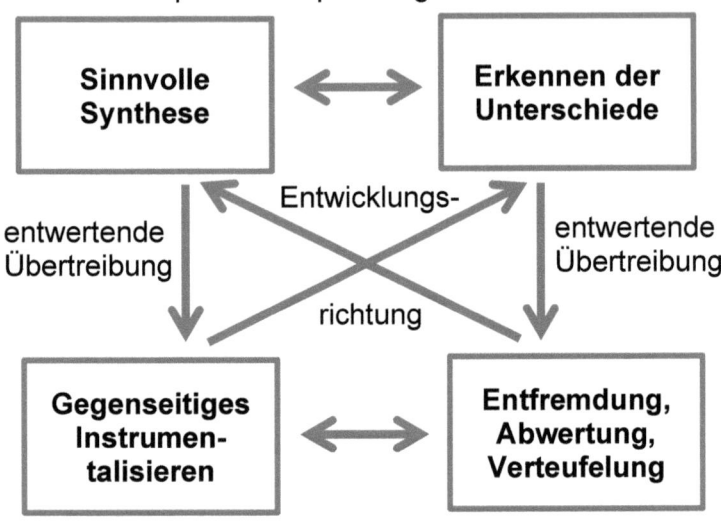

positives Spannungsverhältnis

| Sinnvolle Synthese | ←→ | Erkennen der Unterschiede |

entwertende Übertreibung — Entwicklungs-

entwertende Übertreibung

richtung

| Gegenseitiges Instrumen-talisieren | ←→ | Entfremdung, Abwertung, Verteufelung |

Über-Kompensation

Auf der Internetseite des Lassalle-Hauses in der Schweiz[19] findet sich eine Position, mit der es den meisten christlichen Gemeinschaften voraus ist und wirkliche Pionierarbeit leistet:

Religiös sein heisst interreligiös sein

Mit seiner Ausrichtung auf den interreligiösen Dialog nimmt das Lassalle-Haus ein zentrales Anliegen des Jesuitenordens auf. Als zentrales Leitungsgremium trifft sich in unregelmässigen Abständen die Generalkongregation, die sich aus Jesuiten aus aller Welt zusammensetzt. Sie versuchen je neu, die Zeichen der Zeit zu deuten und die Grenzen auszukundschaften – die inneren wie die äusseren. So hat die 34. Generalkongregation schon 1995 formuliert:

«Heute religiös zu sein, heisst interreligiös zu sein in dem Sinne, dass in einer von religiösem Pluralismus geprägten Welt eine positive Beziehung mit Gläubigen anderer Religionen unumgänglich ist.»

An einer gelingenden und bereichernden Begegnung von Menschen unterschiedlicher Religionen und Kulturen mitzuwirken und sie dazu zu befähigen, Partner im Dialog zu werden, ist Aufgabe und Ziel der interreligiösen Arbeit im Lassalle-Haus.

Wir leben in einer globalisierten Welt. Man könnte es als naiv bezeichnen anzunehmen, die Globalisierung würde das Thema der Religion nicht betreffen. Ich halte es eher für ignorant. Wenn man davon ausgeht, dass es bei allen Religionen immer nur um denselben Gott und dieselbe Wahrheit mit verschiedenen Begriffen und Symbolen geht, so können natürlich die Anhänger der verschiedenen Religionen voneinander lernen! Warum sollten wir denn nur auf den Gebieten der Wissenschaft und der Wirtschaft voneinander lernen können? Von dem verkrampften Festhalten an den traditionellen Wurzeln, wie es die orthodoxen religiösen Lager praktizieren, sind Wissenschaft und Wirtschaft weitgehend frei. Auf diesen Gebieten gibt es durch die Globalisierung einen Entwicklungsschub, der auf der religiösen Ebene ebenso stattfinden könnte.

Die *positive Beziehung mit Gläubigen anderer Religionen* wird von vielen christlichen Gruppierungen propagiert, aber nur von sehr wenigen gelebt. Denn durch ihre Abwehrhaltung haben sie sich in eine Position der Entfremdung, Abwertung und Verteufelung gebracht.

Die Ansätze der Kirchen, mit Yoga-Kursen und Zen-Gruppen die Gläubigen zu halten, stellen oftmals eine Über-Kompensation dar mit dem hässlichen Beigeschmack, die andere Religion lediglich zu instrumentalisieren. Es zeigt sich, *eine positive Beziehung mit Gläubigen anderer Religionen* ist nur möglich, wenn man selber bereit ist, eine sinnvolle Synthese einzugehen. Denn nur durch ein echtes Interesse kann die Position der Abwertung überwunden werden. Echtes Interesse auf religiösem Gebiet heißt aber immer, sich etwas vom anderen Weg anzueignen!

Wenn man auf dem Gebiet der Völkerkunde ein anderes Volk nur akademisch studiert, nur beobachtend und analysierend, so entsteht sehr leicht eine Position der Überheblichkeit, die ein tieferes Eindringen in die Materie verhindert. Der moderne Typus des Ethnologen ist längst jemand, der es sich zur Aufgabe macht, sich mit dem Objekt seiner Forschung zu verbinden und eine Zeitlang mit dem anderen Volk zu leben! Auf dem Gebiet der Religion wird so etwas größtenteils als Verrat an der eigenen Religion empfunden. Das ist der Grund, weshalb der *interreligiöse Dialog* meist nur an der Oberfläche bleibt und es sich bei der seit langem propagierten Ökumene meist nur um ein Lippenbekenntnis handelt. Die versäumte Chance dabei liegt sicher nicht nur auf der Ebene der Völkerverständigung. Ist es nicht wahrscheinlich, dass ein echter *interreligiöser Dialog* einen großen Beitrag leisten könnte zu einem höheren spirituellen, ethischen, sozialen und ökologischen Menschheitsbewusstsein?

Hugo Makibi Enomiya-Lassalle (1898-1990) praktizierte im weiteren Sinne ein echtes christliches Yoga. Er war ein Jesuitenpater der in Japan dem Zen-Buddhismus begegnete und – nach meiner Wahrnehmung – mit dieser Begegnung sehr konstruktiv umging. Er pflegte eine Meditationspraxis im vollständigen Lotossitz und sah in der Praxis des Za-Zen eine Vertiefung seiner christlichen Erfahrungsmystik. Hier ist der Weg einer Verbindung von westlichem und östlichem Denken bis in alle Konsequenzen vollzogen. Ursprünglich als Missionar nach Japan geschickt, hat er zum Ärger und Verdruss seiner katholischen Vorgesetzten die japanische Kultur nicht einfach pauschal als heidnisch abgewertet, oder wenigstens ignoriert. Sondern er versuchte die japanische Kultur des Zen-Buddhismus zu verstehen und sich ihr in Wertschätzung anzunähern. Er sah die verschiedenen Wege nicht als Gegensätze, sondern erkannte die Gemeinsamkeiten des Zen-Buddhismus mit der christlichen Mystik. Daraus entstand ein Lebensweg, der eine Brücke baute zwischen Ost und West.

Entgegen der Warnungen, das Begehen zweier Wege würde den Menschen irgendwann zerreißen, hat sich der Weg Lassalles fruchtbar entwickelt und sogar Schule gemacht. Weitere christliche Mystiker hat er angeregt, die Zen-Praxis in den christlichen Weg zu integrieren, so zum Beispiel den Benediktiner-Mönch Willigis Jäger. Das Lassalle-Haus in der Schweiz bietet neben Kursen über die Exerzitien des Ignatius von Loyola und über Zen auch Kurse über Yoga an und möchte ein Ort sein für einen echten *interreligiösen Dialog*.

Warum hat das Besteigen zweier Boote Lassalle nicht zerrissen?

Um in diesem Bild zu bleiben: Zwei Boote, die uns zerreißen würden, können verbunden werden zu einem Katamaran. Der beschauliche *West-östliche Divan* hat ausgedient, der moderne Mystiker besteigt den „west-östlichen Katamaran", der kentersicher ist und ihn rasant zum Ziel führt. Es geht darum, die Schnittmenge zweier Wege zu finden, wodurch aus ihnen EIN Weg wird.

Genau darum ging es Lassalle: Im Grunde hat er nicht zwei Wege beschritten, sondern er hat durch die Begegnung mit dem Zen-Buddhismus erkannt, dass es hier eine Schnittmenge mit dem verlorengegangenen mystischen Christentum, z.B. eines Meister Eckhart, gibt, und dass dieser Teil des christlichen Weges durch das Aufgreifen der vermeintlich „östlichen" Lehre aktiviert und gelebt werden kann.

Ramakrishna (1836-1886) war ein Bhakti-Yogi und wirkte in einem Tempel der hinduistischen Göttlichen Mutter Kali in der Nähe von Kalkutta[20]. In der Anbetung der Göttlichen Mutter erlangte er die Vereinigung mit dem Göttlichen. In seiner weiteren Entwicklung gelangte er zur Gotteserfahrung auf verschiedenen Wegen:

- als Verehrer seiner Familiengötter Rama und Hanuman.

1861, mit 25 Jahren, wurde er auf Betreiben einer Wandernonne öffentlich als eine göttliche Inkarnation anerkannt. Danach erst kamen verschiedene Lehrer zu ihm, die ihn zur Gotteserfahrung auf weiteren verschiedenen Wegen führten:

- auf dem Weg des Tantra,
- auf dem Weg des Advaita-Vedanta,
- auf dem Weg des Sufismus
- und schließlich 1874, als letzten Weg vor seiner eigenen Lehrtätigkeit, auf dem Weg des Christentums. Ramakrishna erfuhr eine Christusvision und die Einswerdung mit Christus.

Ramakrishna war eine hingebungsvolle Natur und stürzte sich in die Gottesverehrung stets mit voller Inbrunst. Er kehrte immer wieder zur Verehrung der hinduistischen Gottheit Kali zurück, auch nach der Christusvision.

Sein Weg kann verglichen werden mit einem Sprachtalent, das viele Sprachen beherrscht und schnell eine neue dazulernt. Vielleicht ist es mit den spirituellen Wegen wie mit dem Sprachenlernen: Es ist wichtig, mit einer einzigen zu beginnen, und zunächst keine Vermischungen zuzulassen. Es ist vielleicht nicht notwendig, weitere Sprachen dazuzulernen – letztlich geht es um die Inhalte. Aber es ist auch nicht notwendig, sich ein Leben lang gegen andere Sprachen zu versperren. Es ist nun einmal jeder Weg verschieden.

Ramakrishnas Weg war es, durch seine reiche religiöse Erfahrung wie zu einem Dolmetscher zwischen den Religionen zu werden. Er hatte den gemeinsamen Inhalt erkannt, der in den verschiedenen Religionen nur in verschiedene Bilder und Symbole verpackt war. Sein Lieblingsschüler wirkte als Swami Vivekananda von 1893 bis 1902 in den USA und hielt Vorträge. Er kam 1893 zu einem „Weltparlament der Religionen" nach Chicago. Im Unterschied zu den anderen Auftretenden sprach er nicht von „seinem" Gott, sondern von dem EINEN Gott, der alle Religionen verbindet.

Omraam Mikhael Aivanhov (1900-1986) war ein Schüler des bulgarischen „Meisters" Peter Deunov und wirkte von 1937 an in Frankreich. Als junger Mann erweckte er sein geistiges Leben, angeleitet lediglich durch Bücher, durch exzessive Yoga-Übungen und gelangte bereits mit 15 Jahren zu einer tiefen ekstatischen Vision. So vorbereitet begegnete er seinem Lehrer Peter Deunov mit 17 Jahren.

Deunov „begründete" 1900 die „Universelle Weiße Bruderschaft" und fuhr heilend und lehrend durchs Land, wobei er immer mehr Anhänger gewann. Aufgrund dieser Aktivitäten wurde er von der orthodoxen Kirche exkommuniziert. Dennoch lehrte er ab 1914 nach einer Christusvision ein mystisches Christentum.

Die Schulung von Aivanhov geschah oft bei gemeinsamen Astralreisen. Sie verließen ihre Körper, damit sein Lehrer ihm die Geistigen Welten zeigen und erklären konnte.[17] Einen Widerspruch zwischen dem mystisch-christlichen Weg und seiner Hinwendung zu Yoga hat Aivanhov nie empfunden. Er entwickelte nicht nur seinen Weg des *Hrani-Yoga* (Yoga der Ernährung), sondern darüber hinaus seinen Weg des *Surya-Yoga* (Sonnen-Yoga).

1959 reiste Aivanhov für ein ganzes Jahr nach Indien. Dort meditierte er im Tempel des verstorbenen Sri Ramana Maharshi, dessen Gegenwart er in tiefer Meditation verspürte. Der indische Yogi Neemkaroli erkannte in Aivanhov einen großen Yogi und verlieh ihm den Namen „Omraam". Ein weiterer bekannter indischer Yogi erkannte in Aivanhov die Inkarnation eines alten Hindu-Weisen. Aivanhov besuchte auf seiner Indien-Reise häufig abgelegene

Orte und Tempel, um zu meditieren und begegnete noch weiteren prominenten Yoga-Lehrern. Schließlich begegnete er in Almora an den Ausläufern des Himalaya dem legendären „unsterblichen" Yogi Babaji persönlich, dem Lehrer von Lahiri Mahasaya, Sri Yukteswar und Paramahansa Yogananda.

Anfang 1960 kehrte Aivanhov gewandelt zurück, so dass seine Schüler tief ergriffen waren. Er hatte sich verändert wie Moses, als er vom Berg herabgestiegen war, wo er die Zehn Gebote empfangen hatte. Er, ein mystischer Christ, hatte gerade im Mutterland der Yogis als ein praktizierender Yogi seine tiefsten Einweihungen erfahren.

Einige Leute haben seine Lehre als ‚synkretistisch' bezeichnet und meinen damit, er habe überall nur das Beste herausgesucht. Dieses Etikett ist jedoch völlig falsch. In seinem Bemühen, Herr über sich selbst zu werden, die Welt zu verstehen und weise in ihr zu leben, sowie in seinem ständigen Streben, anderen Wege zur Spiritualität aufzuzeigen, bediente sich Aivanhov ganz einfach jeder Methode, Technik und Idee, die ihm nützlich und angemessen erschien. Er verglich seine Lehre mit einem „reich gedeckten Tisch". Es findet sich für jeden Geschmack etwas: Viele Wege führen zu Gott.

So verwendete Aivanhov das Chakra-Modell, Astrologie, die Kabbala, alchemistische Symbolik, Physiognomik, die

Shiva-Shakti Polarität, die Farbsymbolik und eine ganze Reihe weiterer tradierter Vorstellungen. Dennoch war er kein Hindu, kein Kabbalist, kein gottloser Astrologe. Er entlehnte seine Ideen zwar aus verschiedenen Schulen, aber er prägte sie mit dem Atem seines Lebens und machte sein eigenes Erleben zu ihrem Prüfstein. Jedenfalls seinem eigenen Verständnis nach war Aivanhov ein Christ, der die christliche Lehre lebte.

„Das, was ich euch sage", betonte er einmal, *„ist die Lehre Christi."* Er betonte, dass nichts in seiner Lehre dem Ur-Evangelium von Jesus widerspräche. Er erlaubte sich jedoch die Bemerkung, dass sehr wohl ein Widerspruch zum gegenwärtigen Dogma und Glauben bestehen könne.[21]

Wie kam es, dass Aivanhov die verschiedenen Ansätze in seinen Weg integrieren konnte und sich dabei anscheinend nicht verlor, sondern sich fand und sich wunderbar entwickelte bis zu den höchsten Stufen?

Wie kam es, dass Aivanhov als ein glühender Verehrer seines „Meisters" Peter Deunov nie seine Eigenständigkeit verlor und anscheinend nicht in eine Bindung geriet, sondern als ein Jünger Christi seinen Weg der Befreiung gehen konnte?

Wie kam es, dass Ramakrishna durch die verschiedenartigen Gottesvisionen nicht wahnsinnig wurde, sondern ein Weiser und Erleuchteter?

Wie kam es, dass Enomiya-Lassalle nicht zerrissen wurde zwischen den beiden Booten Jesuitentum und Zen-Buddhismus?

Vielleicht kann man es so sagen:

Die ehrliche tiefempfundene Sehnsucht nach Gott verhilft dem Adepten zu einem Schutz, sie führt ihn letztendlich zum Meister im eigenen Inneren. Jeder äußere „Meister" verhilft ihm nur dazu, dem inneren Meister näherzukommen.

Wer dem Meister im eigenen Inneren konsequent folgt, der mag äußerlich gesehen auf vielen Wegen wandeln, wandelt aber – geistig betrachtet – immer nur auf seinem persönlichen Pilgerpfad zu Gott. Er kann sich vielen verschiedenen Lehren und Wegen öffnen und viele verschiedene religiöse Praktiken ausüben. Doch ehe eine Lehre oder eine Praxis ihm schaden könnte, fällt sie von ihm ab wie eine trockene Lehmform von der gegossenen Glocke.

Der fortgeschrittene Wanderer auf dem spirituellen Pfad sieht die religiösen Lehren und Formen nicht mehr als das Eigentliche, sondern er befindet sich in einer Werkstatt: Seine Arbeit ist das Schmieden der Glocke. Jeder Klumpen Lehm, der gerade zur Hand ist und der ihm behilflich sein könnte, wird verwendet. Aber der Klumpen Lehm zwingt dem Schmied seine Struktur nicht auf, sondern fügt sich ein in die Struktur, die der Schmied ihm vorgibt. Der Lehm wird nachher abgeklopft, und wenn die Glocke gelungen ist, spielt es keine Rolle mehr, ob man nun mehrere verschiedene Lehmsorten verwendet hat oder nicht.

Die Problematik, die sich ergibt, wenn man sich auf verschiedene Quellen ausrichtet, soll nicht heruntergespielt werden. Es soll dem widersprochen werden, dass sich daraus ein einengendes Dogma ergäbe, das zwingend für jeden zu jeder Zeit gelte.

Ein weiterer Vergleich: Für jemanden, der ein wissenschaftliches Fachgebiet studiert (Biologie, Ägyptologie, Heilkunde...), ist es am Anfang wichtig, zunächst nur durch EINE Denkschule herangeführt zu werden. Liest er zu viele Bücher mit zu vielen widerstreitenden Ansätzen durcheinander, so wird nur Verwirrung gestiftet. Er kann sein Fachgebiet nicht erfassen, weil er kein klares Konzept erkennt.

Für jemanden aber, der sein Fachgebiet beherrscht, ist es nicht nur möglich, sondern sogar sehr wichtig, dass er offenbleibt für Publikationen anderer Denkschulen. Andernfalls ist die Gefahr sehr groß, dass er in einem Dogma steckenbleibt, das von der Wahrheit weit entfernt ist. Nicht nur, dass er überheblich wird und andere Ansätze vorschnell verteufelt – ihm entgehen auch die Aspekte der Wahrheit, die er ablehnt, nur weil sie von einer Seite kommen, von der er es nicht erwartet hätte.

Für jemanden, der sein Fachgebiet beherrscht, ist es eine Erweiterung und ein Vergnügen, sich auf andere Ansätze einzulassen. Entweder er widerlegt sie oder er lernt von ihnen, oder er muss sogar eigene Positionen revidieren. In jedem Fall zollt er ihnen seinen Respekt und findet so zu einer besseren Verständigung mit seinen Mitmenschen.

Die Menschen tun sich oftmals schwer mit den Eigenheiten des spirituellen Weges und wollen feste Regeln aufstellen: „Wir dürfen nicht mit jedem Bein in einem anderen Boot stehen" oder „Die Lehre ist ein reich gedeckter Tisch". Beides ist wahr und beides ist falsch zugleich. Wer den Vergleich mit einem Studium zieht, der erkennt:

- Es ist zunächst wichtig, dass eine klare Grundlage gelegt wird.

- Auf dem Boden dieser Grundlage ist es dann wichtig, auch anderen Einflüssen gegenüber offen zu sein, um sich weiterzuentwickeln und seinen ganz eigenen Weg zu finden.

In diesem Sinne bin ich überzeugt:

ein *Christliches Yoga* kann möglich und sinnvoll sein,

- aber nicht für jeden und nicht zu jeder Zeit...

Wer als mystischer Christ Elemente des Yoga in seine religiöse Praxis integriert, oder wer als praktizierender Yogi zu einem christlichen Glauben findet, der nicht von einengenden Dogmen geprägt ist – der gelangt zu einem *Christlichen Yoga*.

Vielleicht aber bildet sich in der Fülle der Yoga-Schulen auch eine Richtung heraus, deren Ziel es von vornherein ist, zum alleinigen Erlöser zu finden, um das tiefere Ziel des Yoga – Moksha/Erlösung – konsequent zu verfolgen.

Die Zeit wäre reif dafür – seit 2.000 Jahren schon.

Omraam Mikhael Aivanhov:

Im Plan Gottes hat die Form nicht auf ewig Bestand: Sie ist brüchig, vergänglich, sie kann der Macht der Zeit nicht widerstehen. Das Prinzip, der Geist hingegen, welcher der göttlichen Welt angehört, ist unzerstörbar und ewig. Die Menschen, die diese Erkenntnis nicht haben, versuchen ständig die Form zu verewigen.

Man sieht dies z. B. bei den Religionen, die sich seit Jahrhunderten an gewisse Riten und Glaubensvorstellungen klammern, ohne sich klar zu machen, dass dies Formen sind, die nicht fortbestehen können. Das Leben sprudelt unaufhörlich hervor und braucht neue Formen, um sich auszudrücken. Das Leben selbst zerbricht die Formen, denn es braucht neue Gerätschaften, neue Leitwege, um neue Reichtümer, neues Licht, neue Pracht zu offenbaren. Deshalb müssen die Formen nach Ablauf einer bestimmten Zeit verschwinden, um andere, feinstofflichere Ausdrucksformen zuzulassen.

Die Christen müssen jetzt die neuen Formen akzeptieren, die die unsichtbare Welt ihnen anbietet. Bis zu dem Tag, an dem diese neuen Formen auch alt sein werden und es neue geben muss, die sie ersetzen. Allein Prinzipien sind dauerhaft, Formen niemals. (...)

Die Christen wollen nicht, dass es etwas anderes nach Jesus geben soll. Ihrer Meinung nach kann man nichts mehr hinzufügen. Aber Christus selbst fügt andere Begriffe hinzu. Und die Nachzügler, diejenigen, die in starren Formen verharren, werden überholt werden. Wir sind für die Entwicklung, für das neue Leben, für etwas, das noch größer ist, für die neue Religion, die in der Welt verbreitet werden wird, die wahre Religion Christi, die sich bisher noch nicht verwirklichen konnte.[22]

Erleuchtung und Dienerschaft – die Religion der Zukunft

Von der Tradition her kann man den westlichen Weg – insbesondere das Christentum – als einen Weg des Dienens bezeichnen, während der östliche Weg – insbesondere der Buddhismus, aber auch der Hinduismus – sich eher als ein Weg zur Erleuchtung darstellt.

Im Christentum erscheint es als anmaßend, die Erleuchtung anzustreben. Zwar gibt es auch im Christentum den Begriff der ‚unio mystica', der bewussten Vereinigung mit dem Göttlichen. Jedoch wird das Gotteserlebnis im Christentum üblicherweise auf das Jenseits verschoben. Im Diesseits, als Erdenmenschen, haben wir zu dienen und ein anständiges Leben zu führen, um im Jenseits für das große Gnadenerlebnis bereit zu sein. Bis dahin feiern wir sinnliche Gottesdienste mit Goldgepränge, Musik und Weihrauch und elektrisch illuminierte Weihnachtsfeste oder beten ins Dunkle, doch geistige Erlebnisse sind im christlichen Kulturkreis eher suspekt.

Der buddhistische Weg bezeichnet sich ausdrücklich als der Weg zur Erleuchtung und hat kein anderes Ziel. Im Hinduismus gibt es zwar auch den Weg des Dienens. Doch der hierfür verwendete Begriff des ‚Karma Yoga' gibt ihm etwas Abwertendes: Denn das Karma ist das, was ein Mensch „abzuarbeiten" hat, was ihn „noch" belastet. Hier ist impliziert, der Weg des Dienens sei etwas Niederes, eben für die, die durch ihr Karma noch gebunden seien.

Der eigentliche Kern des hinduistischen Yoga ist die Meditation, und das Ziel der Meditation ist die Verschmelzung des Betrachters mit dem Objekt der Betrachtung: die Erleuchtung.

Entsprechend diesem verbreiteten Ansatz haben sich in beiden Kulturkreisen eigene Fehlentwicklungen herausgebildet.

Der westliche Kulturkreis ist durch die Doktrin des Dienens geprägt. Die vita activa ist gegenüber der vita contemplativa überbetont, vom ‚Bete und arbeite‘ ist nur noch das ‚Arbeite‘ übriggeblieben. Es ist der Stolz der westlichen Gesellschaft, eine Tatkraft entwickelt zu haben, die alle äußeren Schranken überwindet. Cat Stevens hat das in seinem Lied „Where do the children play" unübertroffen ausgedrückt. Die Doktrin des Dienens misst uns an unserer Leistung. Der Mensch ist gefordert, fleißig zu sein, sich zu bilden und über sich hinauszuwachsen, um für die Gesellschaft etwas beizutragen. Da jedoch im christlichen Kulturkreis das Göttliche vom irdischen Leben abgetrennt wurde, ging das übergeordnete Ziel verloren. Der religiöse Fokus konnte nicht gehalten werden. Irgendwann kämpfte der westliche Mensch in seiner täglichen Arbeit nicht mehr „für den Nächsten" und auch nicht mehr „für die Gesellschaft", sondern bewegte sich zumeist in dem Feld zwischen Kampf ums eigene Überleben und Kampf um ein bisschen mehr Wohlstand für sich und die Familie. Da das Gefühl fehlt, einer größeren Sache zu dienen, bleibt nur noch das Gefühl, in der Materie verstrickt zu sein und von ihr versklavt zu werden.

„Wo sollen unsere Kinder spielen?" heißt auch

„Wo ist unsere Freude geblieben?". Was uns beim Besuch armer exotischer Länder immer wieder erstaunt: Menschen, die einfach grundlos lachen und fröhlich sind!

Andererseits führt das östliche Suchen nach der Erleuchtung nicht selten in eine Gleichgültigkeit gegenüber den äußeren Umständen. Die Askese, die von allen äußeren Einflüssen befreien soll, führt nicht selten in einen tatenlosen Fatalismus. So gibt es in Indien manche Notleidende, denen bewusst nicht geholfen wird, denn sie müssten schließlich ihr Karma abarbeiten. Eine Organisation von gemeinschaftlicher Anstrengung zur Verbesserung der Lebensumstände, wie zum Beispiel Armenspeisungen oder Bau von Bewässerungsanlagen, wird vielfach nicht unternommen, obwohl es möglich wäre. Wissenschaftlicher und technischer Fortschritt, oder auch nur Verbesserung der Bildungschancen für die Armen, sind vielfach keine Ziele östlicher religiöser Gemeinschaften.

Sowohl der östliche Weg als auch der westliche Weg offenbaren ein unvollständiges Verständnis von dem, was Religion für den Menschen bedeutet. Dabei sind die Religionen alle in ihrem Ursprung ganzheitlich und umfassen sowohl das Dienen als auch die Erleuchtung.

Der Hinduismus kennt nicht nur den leicht als abwertend verstandenen Begriff des ‚Karma-Yoga', sondern auch den wunderschönen Begriff ‚Seva', der mit ‚Dienstbarkeit' übersetzt werden kann.

Die indischen Mystiker Swami Sivananda (1887-1963) und Sathya Sai Baba (1926-2011) haben durch ihre Lehre und ihr eigenes Vorbild das Dienen wieder in den östlichen religiösen Weg integriert.

Der Buddha hat nicht nur selber sein ganzes Erdenleben nach der Erleuchtung dem Dienst am Mitmenschen gewidmet, der ‚Edle achtfache Pfad' beinhaltet auch das ‚Rechte Handeln', das Sich-Nützlichmachen für die Gesellschaft und den Dienst am Nächsten.

Im Christentum ist es verwunderlich, dass derjenige, der als ‚das Licht der Welt' bezeichnet wird, nicht auch als Erleuchteter gesehen und wahrgenommen wird. Kann ein Mensch in seinem Leben Licht aussenden, ohne selbst erleuchtet zu sein? Das Anstreben der Erleuchtung ist demnach nicht eine unchristliche Anmaßung, sondern ergibt sich ganz folgerichtig aus der Nachfolge Jesu. Die Siebenzahl, die in der Bibel und besonders im Johannesevangelium eine so große Rolle spielt, steht in enger Beziehung zu den sieben Bewusstseinszentren, die im Hinduismus als Chakras bezeichnet werden. Sollte in einem mystischen Christentum nicht ebenso wie in einem mystischen hinduistischen Yoga die Erweckung dieser sieben Bewusstseinszentren das Ziel sein?

Im Christentum wird gelehrt,

...das Reich Gottes ist inwendig in euch

Lukas 17,21.

Einkehr und Meditation führen den Menschen nach Innen. Sie sollen daher auf einem vollständigen christlichen Weg ebenso ihren Platz haben wie Dienstbarkeit und Fleiß, wie Gesänge und Predigten. Darauf zielt ein „christliches Yoga" ab, egal ob man es so nennen will, oder nicht.

Der dienende Mensch macht sich bereit für die Erleuchtung. Der Erleuchtung anstrebende Mensch macht sich bereit für das Dienen. Die ganze wunderschöne Botschaft der Religion eröffnet sich nur, wenn beide Aspekte als Einheit verstanden werden.

Quellenangabe:

[1] Otto Stricker / Isabell Lütkehaus / Fotos: Coni Hörler, *Zu den Quellen des Yoga – Echtes indisches Yoga erleben*, Irisiana Verlag, München, 2015

[2] Albert Schweitzer, *Die Weltanschauung der indischen Denker*, Verlag C.H. Beck, München, 2. Auflage, 2010

[3] T.K.V. Desikachar, *Yoga – Heilung von Körper und Geist jenseits des Bekannten, Leben und Lehren Krishnamarcharyas*, Theseus Verlag, Bielefeld, 2012

[4] alle Bibelzitate Lutherbibel 1912

[5] Artikel über den Begriff „Guru" auf wiki.yoga-vidya.de

[6] Artikel über den Begriff „Yoga" auf wiki.yoga-vidya.de

[7] Artikel über den Begriff „Hatha Yoga" auf wiki.yoga-vidya.de

[8] *Das Friedensevangelium der Essener*, aus dem Aramäischen übersetzt von Dr. E. Bordeaux Székely, Verlag Neue Erde, Saarbrücken, 2002

[9] *Gymnastik und Tanz durch die Jahrtausende Teil 1: Von der Urzeit bis zur Renaissance*, C.+Ch. Grämiger kann bestellt werden unter gymnos@bgb-schweiz.ch

[10] Anleitungen für eine christliche Meditation finden sich in folgenden Quellen:

- John Main, *Das Herz der Stille – Einführung ins Herzensgebet*, Claudius Verlag, München, 2015

- Peter Campelo, *Christliches Mantra: Auf einfache Weise Frieden finden*, Stellaazul Verlag, Barcelona, 2016

- Sebastian Stranz, *Christus wiederentdecken – Befreit von alten Dogmen zu den Wurzeln der eigenen Kultur finden*, Books on Demand, Norderstedt, 2014

- Sebastian Stranz, *Yeshuas Heilstrom – Die Segenskraft der Erlösung im eigenen Leben wirksam werden lassen*, Books on Demand, Norderstedt, 2021

- Weltgemeinschaft für christliche Meditation unter www.wccm.de

[11] Artikel über den Begriff „Svadhyaya" auf wiki.yoga-vidya.de

[12] Tara Stella Deetjen, *Unberührbar*, FISCHER Krüger, Frankfurt am Main, 2016

[13] Paramahansa Yogananda, *Der Yoga Jesu*, eine Zusammenstellung aus seiner zweibändigen Schrift *The Second Coming of Christ: The Resurrection oft the Christ Within You*, Self-Realization Fellowship Publishers, 2009
(Der Verlag verbietet eine Wiedergabe von Passagen aus dem Buch, so dass nur eine sinngemäße Wiedergabe möglich ist.)

[14] - *Die Strahlungsfelder – Die Entstehung der Fallwelten und die Zukunft der Menschheit, Eine Offenbarung und eine Prophetie, die die Welt nicht kennt, gegeben der Prophetin im Herrn durch das Innere Wort im Herbst 1981*, leider nur noch gebraucht erhältlich;
- *Das ist Mein Wort - Alpha und Omega*
- *Das Evangelium Jesu. Die Christus-Offenbarung, welche inzwischen die wahren Christen in aller Welt kennen*, Gabriele-Verlag Das Wort

[15] www.achtung-lichtarbeit.de

[16] Anna Trökes/Dr.med. Detlef Grunert, *Mit Yoga und Ayurveda ganzheitlich heilen*, Gräfe und Unzer, München, 2014

[17] *Sehr geehrter Herr Stranz,*
(…) Vielleicht wäre es für den Interessenten dienlich, meine neuen Ausführungen zum Wertequadrat im Band „Miteinander reden, Fragen und Antworten" (rororo, 2007) zu kennen.
Hier wird die Eignung dieser Denkfigur für existenzielle Fragen schön deutlich. Herzliche Grüße
Ihr F. Schulz von Thun

[18] *Die Gefahren durch östliche „Meister"*, Universelles Leben e.V., Würzburg, 1993

[19] www.lassalle-haus.org

[20] www.ramakrishna.de

[21] Georg Feuerstein, *Das Geheimnis des Lichts – Leben und Lehre von Omraam Mikhael Aivanhov*, Prosveta Verlag, Fréjus, Cedex (Frankreich), 1992/1997, Sn. 273-274

[22] www.aivanhov.de